우리가
읽고 쓰는
이유

우리가
읽고 쓰는
이유

이강룡 지음

라티오

● 차 례

프롤로그　　　　　　　　　　　　　　　　　　　　　6

제1부 진실을 쓰기 위하여

1. 세상을 즐겁게 관찰하다　요한 볼프강 폰 괴테　　　15
2. 위대한 영혼들과 교감하다　슈테판 츠바이크　　　　27
3. 보편적 인권을 소명하다　에밀 졸라　　　　　　　　39
4. 실천을 통해 이론을 완성하다　프리드리히 엥겔스　　54
5. 모호한 표현을 배제하다　조지 오웰　　　　　　　　66
6. 사실과 허구를 화해시키다　헤밍웨이와 스타인벡　　80
7. 실존의 불안을 직설하다　오에 겐자부로　　　　　　93
8. 절박한 순간을 듣고 또 듣다　스베틀라나 알렉시예비치　104

제2부 진실을 읽기 위하여

1. 역사성을 토대로 문자 해독하기　　　　　　　　　123
2. 흔적으로 실체 상상하기　　　　　　　　　　　　139
3. 클리셰에서 상식의 지혜 익히기　　　　　　　　　152
4. 정보를 통해 명료한 지식 넓히기　　　　　　　　　170
5. 통계와 확률로 사실적 미래 전망하기　　　　　　　183
6. 진짜를 가짜로 이해하기　　　　　　　　　　　　197

에필로그　　　　　　　　　　　　　　　　　　　　208
작업 노트_ 독서 목록을 대신하여　　　　　　　　　211

프롤로그

시간과 공간은 서로 별개인 것 같고 언뜻 상반된 것처럼 보이기도 하지만 실은 우주 전체라는 하나의, 다른 두 측면이다. 시간이 변하면 공간도 영향을 받고 공간이 변하면 시간도 영향을 받는다. 공간을 고려하지 않은 독립적인 시간이란 존재하지 않고, 시간을 고려하지 않은 독립적인 공간 역시 존재할 수 없다. 지구 안에서 살아가는 우리는 그 관계를 인식하기 어렵고 뉴턴 같은 대학자도 미처 깨닫지 못했던 사실이지만, 20세기에 이르러 아인슈타인은 광속의 차원에서 우주의 시공간을 새롭게 바라봄으로써 그 둘의 밀접한 영향 관계를 발견하고 입증했다.

무한한 우주처럼 방대한 읽기와 쓰기의 영역 역시 서로 떼어놓을 수 없이 연결되어 있다. 읽기와 쓰기는 의미 세계라는 더 넓은 차원 안에 있는 두 측면으로서, 어떤 보이지 않는 끈으로 단단히 여며 있다. 인류 최초의 역사서인 헤로도토스의 《역사》는 투퀴디데스에게 영향을 주어 《펠로폰네소스 전쟁기》를 쓰도록 했다. 투퀴디데스는 "내가 기술한 역사에는 설화가 없어서"라고 적었는데, 설화까지 기록했던 헤로도토스보다 더 정확한 역사를 기술하고 싶은 바람을 표출한 것이다. 백성들에게 사랑받는 군주가 되려고 하지 말고 백성들이 두려워하는 군주가 되라고 역설한 니콜로 마키아벨리의 《군주론》은 막스 베버에게 영향을 주어 《소명으로서의 정치》를 쓰도록 했다. 베버가 "정치에 뛰어드는 자는 악마적 세력과 계약을 맺는 것"이라고 적은 구절이 마키아벨리의 관점을 잘 표현한다. 프랑스의 정치학자 알렉시 드 토크빌이 미국을 탐방한 뒤에 쓴 보고서인 《미국의 민주주의》는 존 스튜어트 밀에게 영향을 주어 《자유론》을 쓰도록 했다. 밀이 "정치 영역에서 '다수의 횡포'는 온 사회가 경계하지 않으면 안 될 큰 해악"이라고 적은 것은 토크빌의 영향이다. 단테의 《신곡》은 오노레 드 발자크에게 영감을 불어넣어 《인간 희곡》을 쓰게끔 했다. 발자크에 영향을 받은 에밀 졸라는 《루공-마카르 총서》를 기획한다. 찰스 디킨스의 작품들은 빅토르 위고에게 영향을 끼쳐 《레 미제라블》을 쓰도록 영감을 불어넣었다. 위대한 작품들을 이어 줄 뿐만 아니라 읽기와 쓰기라는 두 세계를 묶어 주는 그 보이지 않는 끈은 의미를 주고받는 일과 깊이 연관되어 있는 듯하다.

　　강유원 박사의 철학 에세이 《에로스를 찾아서》에는 소동파의 시가 시공간을 뛰어넘어 현대의 독자에게 향유되는 신비로움에 관해 서술하는 대목이 나온다. 그 신비로움은 "모든 것을 이어 주는 끈"이라는 말로 표현되는데, 그 끈은 '의미'의 다른 이름이다. 쓴다는 것은 의미를 담는 일이며, 읽는다는 것은 그렇게 담긴 의미를 알아내는 행위다. 우리는 인생의 반은 읽고 이해하는 사람으로서 살아가고, 나머지 반은 쓰고 표현하는 사람으로서 살아간다. 글쓴이가 차곡차곡 쟁여 둔 의미 보따리를 하나씩 끌러서 그 안에 담긴 것들을 풀어 보는 일이 독자로서 우리가 누릴 수 있는 커다란 즐거움이라면, 보이지 않던 의미를 유형의 활자로 담아내는 쓰기 활동은 우리 인생을 더 '의미 있게' 만들어 주는 창조적인 경험이다. 읽기와 쓰기는 한결같은 삶의 동반자다. 상대방이 내 진심을 몰라 줄 때 야속한 심정이 들다가도 내 진심이 상대방에게 전달될 때는 행복한 감정이 생긴다. 복잡미묘한 의미 세계 안에서 진심을 전하고 전달받는 경험은 인생을 행복하게 만들어 준다.

이 책은 인생을 더 가치 있고 풍요롭게 만들어 주는 '의미 세계와 진실'에 관한 이야기다. 제1부에서는 진실 탐구의 깊은 영역까지 가 본 고전 작가들의 이야기를 살펴보았다. 암울한 시대의 한복판으로 뛰어들거나 인간 본성의 밑바닥까지 가 보았던 이야기들을 읽노라면, 인생과 세계에 대한 환멸이 느껴지기도 할 것이다. 그렇지만 어두움과 밝음 역시 더 넓은 차원에서 보면 같은 것의 다른 두 측면이다. 찰스 디킨스가 《두 도시 이야기》에 "최고의 시절이자 최악의 시절, 지혜의 시대이자 어리석음의 시대였다. 믿음의 세기이자 의심의 세기였으며, 빛의 계절이자 어둠의 계절이었다"라고 적은 것처럼 말이다. 역설적이지만, 절망의 암흑 끝에는 언제나 희망의 빛이 있다. 제2부는 진실에 더 가까이 다가갈 수 있는 구체적인 방법들을 다루었는데, 올바른 읽기를 위한 실제적인 방법론이다. 로제타 석 해독이나 콘스탄티누스 황제 기증장 위조 사건처럼 진실 규명과 관련한 유명한 역사적 일화들, 그리고 미래를 읽을 수 있게 해 주는 빅데이터 분석에 이르기까지, 삶과 세계를 더 또렷이 볼 수 있게 하는 여러 길들을 보여 주고자 했다.

'아는 만큼 보인다'는 말은 서로 연결된 '읽기와 쓰기' 영역에서 두루 통용되고 특히나 위대한 고전 작품의 보편성을 체험하면서 확인할 수 있는데, 진실에도 그런 측면이 많아서 항상 우리가 아는 만큼만 제 모습을 우리에게 보여 주는 듯하다. 이렇게 보면 이런 면이 보이고 저렇게 보면 저런 면이 보인다. 어두운 곳에서 공중에 뜬 원기둥에 빛을 쪼이면 어떤 모양의 그림자가 생길까? 밑에서 빛을 쏘면 천장에 둥근 그림자가 나타나지만 옆에서 빛을 쏘면 벽에 사각형 그림자가 나타난다. 이렇게 보면 둥근 그림자가 보이고 저렇게 보면 모난 그림자가 보이는 것이다. 그러니 둥근 그림자를 보면서 원래 물체가 둥근 공이라고 단정해서도 안 되고, 모난 그림자를 보며 원래 물체가 각진 물체라고 단정해서도 안 된다. 모난 특성과 둥근 특성이 모두 원기둥이라는 실체의 엄연한 진실이라는 점을 인정해야 한다. 세계와 삶의 진실은 반듯한 형태보다는 울퉁불퉁한 모습에 더 가깝기 때문에, 우리에게는 참된 것을 하나로 일관되게 꿰뚫어 보려는 적극적인 노력만큼이나, 쉽게 단정짓지 않고 끝까지 여러 가능성을 두루 알아보려는 열린 태도 역시 중요하다.

태양이 뜨고 지는 게 아니라 우리 지구가 도는 것이라는 점을 깨달았던 선구자들은 선입관을 깨기 위해 모진 세월을 보내야 했다. 지구가 끝도 없이 이어지는 우주의 아주 작은 티끌에 불과하다고 주장한 수도사 조르다노 브루노는 순교라는 운명을 맞아야 했다. 자신의 저작이 세상에 널리 알려지는 것이 두려워 사후 출간을 요청했던 코페르니쿠스와, 교황청의 압력에 자기 주장을 굽혀야 했던 갈릴레이를 보라. 진실을 찾아가는 여정은 결코 순탄치 않으며 저절로 주어지는 법도 없다.

세상에는 우연한 일이 많이 일어난다. 우연에 의해 운명이 좌우되는 것은 부인할 수 없는 진실이다. 그렇지만 부인할 수 없는 자명한 진실이 하나 더 있는데, 플라톤의 대화편 《필레보스》에 잘 설명되어 있다. "우리가 어떤 것에 진실성을 혼합해 넣지 않는다면, 그것은 진실로서 생성될 수 없을 것이며, 생성된다 해도 존속하지 못할 걸세." 우리의 사고 안에 진실이 입력되지 않는다면, 진실이 출력되기도 어려울 것이다. 인생에는 정답이 없다는 말도 있지만, 이는 인생을 규정하는 무수한 답들이 있다는 뜻도 된다. 진실의 애매모호함과 복잡다단함을 깨닫는 것에 그치지 않고, 우리에게 주어진 모든 길을 지혜롭게 활용하여 여러 해답들을 찾아보고 그것들을 종합하여 진실의 실루엣이라도 그려 보아야 한다.

살다 보면 냉정한 참말보다는 선의의 거짓말이 필요한 때가 있다. 진실은 사실과 가까이 있으나, 그보다 더 깊은 차원의 의도가 담긴 의미 세계다. 사람들이 쓰디쓴 진실보다 달콤한 허구를 좋아하는 것은 허구 안에도 진실이 깃들기 때문이다. 이렇게 다양한 얼굴을 하고 나타나는 진실의 변화무쌍한 모습을 삶과 세계 안에서 파악하려면 꾸준한 연습과 노력이 필요할 것이다. 제1부에서 다룬 작가들의 이야기들이 우리가 가야 할 길의 올바른 방향을 일러 줄 것이며, 제2부에서 다룬 방법론들이 세부 경로를 알려 줄 것이다. 같은 곳에 있지는 않더라도 같은 곳을 바라보며 걸어가는 공동체의 동반자들이 여러분과 한마음으로 그 길을 함께할 것이다. 진실을 향해 가는 여정은 고독하지만 외롭지는 않다.

• • •

제1부
진실을 쓰기 위하여

1
세상을 즐겁게 관찰하다
요한 볼프강 폰 괴테

자서전이자 회고록인 《시와 진실》에 상세히 나오듯, 요한 볼프강 폰 괴테(1749~1832)는 어린 시절부터 좋은 환경에서 수준 높은 교양 교육을 받으며 자랐다. 그는 희랍어, 라틴 어, 이탈리아 어, 프랑스 어, 영어, 데생, 악기 연주, 승마 등을 배웠다. 괴테는 아버지의 바람대로 법학 공부를 했고, 바이마르에서 행정 업무를 하며 공직 생활을 시작했다. 그렇지만 지적 욕구가 넘치던 괴테에게 틀에 박힌 공직 생활은 맞지 않는 옷이었다. 그는 바이마르에서의 공직 생활에 염증을 느끼고 어느 날 도피하다시피 이탈리아로 떠난다. 《이탈리아 기행》은 서른 일곱 살을 전후한 그 시기에 자기 경험을 기록한 작품이다. 새로운 경험을 할 때면 어린아이와 같은 호기심으로 질문을 던지고 가능한 한 가까이에서 관찰하고 탐구하며, 자신의 풍부한 지식에 자만하지 않고 사소한 것들의 의미를 커다란 것의 연관성 안에서 찾아보려는 섬세한 태도… 그런 것들에 주목하면서 그의 글들을 읽다 보면 배움과 앎에 관한 나의 태도를 돌아보게 되고 깊은 영감도 얻는다.

'이탈리아 기행'은 알프스를 넘어 북부 이탈리아에 도착한 다음, 남부 이탈리아까지 갔다가 다시 알프스를 넘어 독일로 돌아가는 여정이다. 로마에는 첫 번째 방문 때도 오래 머물렀고, 돌아오는 길의 두 번째 방문 때도 오래 머물렀다. 첫 번째로 방문하고 남긴 기록과 두 번째로 방문하고 남긴 기록이 사뭇 다르다. 즉 그 짧은 기간에 안목의 성장이 엿보인다. 첫 번째 로마에서 티치아노의 그림을 처음 보았을 때 자기가 여태껏 보았던 그림들과는 차원이 다른 최고 걸작이라고 칭송하는 기록을 남겼다. 라파엘로, 레오나르도 다 빈치, 미켈란젤로의 작품들을 두루 감상한 뒤인 두 번째 로마에서는 누가 최고인지 단정짓기 어렵다며 판단을 유보한다. 미켈란젤로가 뛰어난지 라파엘로가 더 뛰어난지 논쟁이 벌어지면 레오나르도 다 빈치를 칭찬하는 것으로 분위기를 무마하기도 했다. 로마 체류 시간은 그에게 예술품의 진가를 새로이 알아가는 기쁨과 보람을 선사했다.

이탈리아를 여행하면서 괴테는 유명세를 치러야 했다. 1774년, 그가 20대 초반에 발표한 소설인 《젊은 베르테르의 슬픔》은 이미 전 유럽의 베스트셀러였다. 한 사교 모임에서 《젊은 베르테르의 슬픔》의 작가라는 사실을 알고 그에게 몰려든 사람들은 하나같이 속편을 언제 내 줄 거냐며 그를 채근했다. 또 소설 내용 중 무엇이 사실이고 무엇이 지어낸 것인지 따지는 숱한 질문들이 그를 성가시게 했다. 흥행이 보장된 《젊은 베르테르의 슬픔》의 속편은 독자들의 기대와는 달리 끝내 나오지 않았다. 괴테의 관심은 대중적 인기나 성공이 아니라 지식 탐구와 교양 그 자체에 있었기 때문이다. 그는 출판 수입에도 별 관심이 없었다. 괴테가 물질적 욕심과 거리가 먼 삶을 살았던 것은, 무엇보다 가난을 신경 쓸 필요가 없는 그의 유복한 환경 덕분일 것이다. 괴테는 왕실 고문을 지낸 귀족 출신 아버지와 프랑크푸르트 암 마인(독일에는 프랑크푸르트라는 이름을 쓰는 도시가 두 곳 있다. 인구 6만의 작은 도시 '프랑크푸르트 안 데어 오데르'가 있고, 다른 하나가 괴테의 고향인 인구 80만의 대도시 '프랑크푸르트 암 마인'이다)의 시장 딸인 어머니 사이에서 태어났다.

동식물학에 관심이 많았던 아버지는 괴테와 오누이들에게 누에를 키우며 동식물의 생태를 직접 체험하도록 했다. 뽕잎을 먹고 자란 누에의 고치에서 명주실이 나오고 그 명주실에서 옷감이 나오며 그 옷감을 인간이 걸친다. 아버지가 보기에 누에는 인간의 생활을 윤택하게 만들어 주는, 자연과 인간의 밀접한 관련을 보여 주는 생명체인 것이다. 자서전 《시와 진실》에는 누에를 보거나 만지는 게 너무 싫어서 진저리를 쳤다는 대목이 나온다. 누에와 함께 지내야 했던 건 어쩔 수 없었지만, 괴테는 자신에게 주어진 교육 환경을 최대로 누렸고 다양한 분야의 지식을 갖출 수 있었다. 유년기에 이미 시와 드라마를 썼고, 창작 활동을 언제나 삶의 중심에 두며 성장했다. 작가로서 정체성을 스스로 확인한 다음에는 더 나은 작품을 창작하는 것을 지상 목표로 삼았다. 생계나 여타 걱정이 없을 때 귀족의 자제들은 방탕함으로 흐르기 일쑤지만, 괴테는 주어진 시간과 자원을 지식과 교양을 넓히는 데 모두 썼다.

대중적 인기와 명예에 구애받지 않고 더 훌륭한 작품을 쓰고자 늘 애쓰는 태도는 괴테가 갖춘 덕목이다. '노력하는 천재'를 누가 이기랴. 그러고 보면 위대한 지적 성취를 이룬 작가들 중에는 창작을 향한 열정이 너무나 커서 경제적 궁핍이나 현실의 난관 등이 창작열을 꺾지 못하는 경우도 많다. 예컨대 후대 사람인 작가 헤밍웨이는 음식 살 돈이 하나도 없을 때 음식 냄새가 전혀 나지 않는 박물관에 가서 하루 종일 작품을 구상했다. 발자크는 엄청난 빚에 항상 쫓기면서도 대작을 썼다. 도스토옙스키는 우리가 도무지 상상조차 하기 힘든, 죽음이 목전에 닥치는 악조건 속에서 불후의 걸작들을 탄생시켰다. 괴테가 궁핍한 환경에 처해 있었다면 어땠을까, 그랬다 해도 그의 엄청난 창작열과 호기심이 그를 지켜주었을 것이다.

호기심은 젊음의 다른 이름이다. 호기심 없는 청년은 이미 늙어 버린 것이지만 호기심 많은 노인은 여전히 젊다. 이런 점에서 보면 세상 모든 것에 호기심이 많았던 괴테는 평생 젊음을 유지하며 살았던 것이다. 독일에서 이탈리아로 가기 위해 넘어야 하는 알프스 산맥의 길목에서 괴테는 한 소녀와 마주쳤다. 소녀가 이야기를 들려준다. 자기는 항상 하프를 들고 다니는데, 하프가 날씨를 예고해 주기 때문이라고. 줄에서 '띵' 하고 고음이 나면 오늘 날씨는 맑을 예정이고, '딩' 하고 평소보다 낮은 음이 나면 오늘 날씨는 흐릴 예정이다. 생각해 보자. 어린 알프스 소녀가 지체 높아 보이는 낯선 외국인 어른한테 먼저 그런 이야기를 건넸을까? 분명 괴테가 소녀에게 먼저 이것저것 꼬치꼬치 물어보았을 것이다. 괴테는 모든 대상과 모든 현상에 호기심을 품는 사람이었다. 대상에는 차별을 두지 않았다. 괴테에게 돌멩이 관찰은 오페라 관람만큼이나 중요한 일이었다.

괴테의 왕성한 지적 욕구는 자연학, 인문학, 예술 등 전 분야에 미쳤다. 언제 용암이 분출할지도 모르는 활화산 정상에 오르는 것은 매우 위험한 일이다. 그 일을 괴테는 한다. 그때가 아니면 평생 보지 못할 것 같은 용암 분출 모습이 궁금했고, 분화구 주변의 암석과 토양이 궁금해서다. 힘들게 정상까지 올랐는데 기대만큼 원하는 정보를 얻지 못하자 그 좌절의 소회도 소상히 기록해 두었다. 호기심은 더욱 간절해지고 뇌리에 각인된다.

화학자 아우구스트 케쿨레는 벤젠의 분자 구조를 처음 발견했는데, 자기 꼬리를 물고 있는 뱀 우로보스의 형상을 꿈속에서 본 뒤에 벤젠의 분자 구조에 대한 착상을 얻었다. 케쿨레는 왜

하필 그런 꿈을 꾼 것일까? 벤젠의 분자 구조가 무엇인지 알아내기 위해 온종일 그 생각만 했을 테니 그 생각의 연장인 꿈속에서 이런저런 상상이 펼쳐지는 건 당연한 일 아닐까? 별똥별을 보며 소원을 빌면 소원이 이루어진다는 말이 있다. 이 말은 아주 진실된 것 같다. 눈 깜짝할 사이에 지나가는 그 순간은 새로운 소원을 빌기에는 너무 짧은 시간이지만, 항상 가슴속에 소원을 품고 있는 사람이라면 그 찰라에 본능적으로 소원을 되뇌일 수 있다. 하늘은 스스로 돕는 자를 돕는다.

화학자 케쿨레만큼의 지식은 갖지 않았더라도 화학에 대한 괴테의 관심과 애정만큼은 누구에게도 뒤지지 않았다. 대표작 중 하나인 《파우스트》만 봐도 주인공 파우스트 박사가 일단 연금술사다. 중세 점성술사들의 연구가 근대 이후 천문학이 되듯, 연금술사들이 연구하던 분야가 근대 이후 화학으로 발전한다. 괴테가 화학자 베르크만에게서 영향을 받아 집필한 것으로 알려진 소설 《친화력》은 원자와 분자의 화학 반응을 남녀 관계에 빗대 구성한 작품이다. 예컨대 산소와 수소는 친화력이 높아서 서로 잘 결합하지만 헬륨과 산소는 친화력이 낮아서 같이 있어도 거의 반응을 하지 않는다. 남녀도 그와 비슷하다는 것이다. 괴테가 이 화학적 연애 소설을 발표한 것이 1807년이므로 이십 년 전인 1787년으로 돌아가면 로마에 두 번째로 머물렀던 시기가 되는데, 이때의 기록 중에 로마에 있는 자신을 "다른 용액 속에서는 가라앉지만 수은 속에서는 떠오르는" 공이라고 비유하는 구절이 눈에 띈다. 화학은 물질의 구성 원리를 다루는 학문이다. 세상 모든 것이 연결되어 있다는 일관된 관점을 지녔던 괴테에게 화학은 젊은 시절부터 금과옥조 같은 지식이었을 듯하다.

괴테의 관심사는 원자와 분자가 결합하는 화합물, 그리고 나아가 암석과 지층으로 이어진다. 1784년에 발표한 《화강암에 관하여》라는 논문에는 모든 암석의 기원이 되는 '원석'(Urstein) 개념이 나온다. 괴테는 암석뿐 아니라 식물과 동물에 관해 연구할 때도 생명체의 기원이 되는 공통 조상에 대해 관심이 많았다.

다음은 《이탈리아 기행》의 일부다. "이 지역의 토양은 부스러진 점판암으로 되어 있다. 이런 종류의 암석 지대에서 부스러지지 않은 채 지금도 비바람에 풍화되고 있는 석영이 밭을 한결 부드럽고 비옥하게 만들어 주고 있다." "여기서는(북위 49도) 특이한 암석이 작품 재료로 가공되는데, 겉으로 보기에는 일종의 신新 적색사암 같지만 실은 좀 더 오래되고 원시적인 반암 종류로 봐야 한다. 그것은 초록빛이 돌고 석영이 섞여 있으며 구멍이 숭숭 뚫려 있다. 그리고 그 속에는 단단한 벽옥의 반점들이 발견되며 그 반점들 속에는 다시 각력암의 작고 둥근 반점들이 보인다." 조각 작품을 언급할 때도 그는 일단 재료를 살펴본다. "고상한 조형물인 트라야누스 기념주도 모형으로 서 있다. 토대는 청금석이고 조상들은 도금되어 있다." 괴테가 관람한 오페라가 무엇인지 아는 것보다 괴테가 관찰한 암석이 무엇인지 아는 것이 그의 사상을 이해하는 데 더 도움을 준다.

암석 관찰에 기반을 둔 연구는 그 암석을 토대 삼아 자라는 식물과 동물 연구로 이어지며, 빛과 색깔 같은 물리적 현상에 대한 탐구로 이어진다. 꽃을 관찰할 때는 식물의 종류만 살펴보는 것이 아니라 토양을 직접 만져 보았고, 그런 다음에는 위도와 기후를 검토했다. 《이탈리아 기행》에는 수많은 동식물 묘사와 설명이 나온다. "꽃받침이 닫혀 있는 히아신스"라는 구절도 있는데 그것은 꽃받침이 닫혀 있을 때와 열려 있을 때를 두루 알아야 쓸 수 있는 표현이다. 기초 지식이 풍부하다면 꽃이 안 보여도 어떤 꽃인지 알 수 있다. 1787년 5월 일기에는 "식물 발생과 식물 조직의 비밀에 아주 가까이 다가갔"다고 적으며, 원형 식물이라는 개념이 세상에서 가장 놀라운 착상이라고 자찬하는 대목이 있다. 식물을 오래 관찰하면서 모든 식물의 공통 조상이 되는 원형 식물이 있을 것이라는 굳은 믿음이 생긴 듯하다.

로마에 두 번째 체류했을 때 남긴 기록 중에는 "비로소 나무와 암석이 보이기 시작했다"는 내용이 있다. 첫 번째 방문한 로마에서 콜로세움이나 유명한 건축물 및 예술 작품들에 매료되었다면, 두 번째 방문한 로마에서는 그것들을 떠받치고 있는 토양과 암석과 나무와 여러 식물들에 눈길이 갔던 것이다. 그의 관심사는 이렇게 인공적인 것과 자연적인 것 사이를 수시로 넘나든다. 화산의 용암 분출을 직접 보지 못한 아쉬움을 토로하면서도, 라파엘로가 감독한 태피스트리(실로 짠 융단 그림) 작품에 감탄하면서 그 아쉬움을 잠시 털어 낸다. 즉 가장 인공적인 것을 보며 가장 원초적인 것을 잊었다. 그러고는 또 자연 연구로 돌아갔다. 때로 대립하기도 하지만 궁극에는 조화를 이루는 두 세계를 오가며 그 둘을 의미 세계 안에서 연결지으려는 괴테의 통합적 사유 방식이 인상적이다.

괴테의 삶 전체를 꿰뚫는 사상은 '유기적으로 연결된 전체'였다. 저술 《자연과학론》을 보면 조금 이상한 것을 알 수 있는데, 과학과는 거리가 멀어 보이는 철학자이자 신학자인 스피노자에 관한 연구가 첫머리에 나온다는 점이다. 스피노자를 대표하는 개념은 범신론이다. 신이 창조한 것들에는 신의 정신이 깃들어 있으므로 신과 신이 창조한 창조물을 굳이 구별할 필요가 없다는 이론이다. 스피노자(1632~1677)가 살았던 그 시대에는 이단으로 취급받았던 불손한 사상이다. 만물이 그 자체로 신이기 때문이다. 만물은 신성함으로 서로 연결되어 있다. 이 세상 모든 것이 연결되어 있으니, 그 연관성을 파악하는 것이 곧 진리를 파악하는 일일 것이다. 괴테는 자연을 연구할 때도 그런 관점을 바탕에 깔고 있었던 것이다. 그에게 자연은 분석 대상도 아니고 정복 대상도 아니다. 그저 관찰의 대상일 뿐이며, 우리와 같은 연관 속에 있는 세계의 일부인 것이다. 괴테는 이런 관점을 '세계 시민', '인류 공동체', '유기적 전체' 등의 방식으로 구현하고자 했다. 괴테에게는 자연이 곧 종교였다. 만물에는 어떠한 섭리가 깃들어 있다.

 전 영역에 두루 뛰어난 재능을 보였던 그에게 아무리 노력해도 높은 수준에 도달하지 못하는 영역이 있었으니, 바로 그림 그리기였다. 괴테는 매일 스케치 연습을 하고 작품 모사를 했으나 아마추어 수준에 머물렀다. 르네상스 거장들의 작품을 매일 감상하다가 자기 그림을 보면 그 어마어마한 괴리에 충격을 받기도 했지만 그렇다고 절망할 사람은 아니었다. 괴테는 라파엘로의 작품들을 보면서 인생의 교훈을 얻게 되는데, 그의 벽화 작품들을 보면 아무리 좋지 않은 건물 구조라 할지라도 그 구조에서 표현할 수 있는 최적의 결과물을 만들고자 애썼다는 점을 알 수 있다. 주어진 조건은 인간의 숙명 같은 것이지만, 그 조건을 최대로 활용할 수 있는 것도 오로지 인간의 선택이다. 괴테는 적어도 어제의 자신보다 더 나아지려고 항상 노력했고, 대상을 좀 더 잘 관찰하고 묘사하고자 했다. 거장들의 작품은 부분과 전체의 유기적 연관을 보여 주는 가장 훌륭한 예시였기에, 거장들의 작품에 깃든 철두철미함을 배우고자 했다. 그는 미술 연구가 문학 작품 창작에 커다란 도움을 준다고 생각했다. 아마추어 화가로서 괴테의 시선은 자연을 관찰하는 태도이고, 시인으로서의 시선은 관찰을 통해서 인생과 세계의 본질을 깨달으려는 직관의 태도였다. 그는 바이마르로 돌아가기 직전에 로마에서 이렇게 적었다. "가장 머무를 만한 가치가 있을 때 떠나야 한다는 사실이 실로 가슴 아프긴 하지만, 그래도 어떤 목표에 도달할 수 있을 정도로 오랫동안 이곳에 머물 수 있었다는 사실에 적이 안심이 됩니다."

광물, 식물, 동물, 인간, 자연, 세계… 그야말로 '만물 박사'가 되고자 한 괴테의 일생은, 모든 분야 지식을 섭렵하여 만물의 진리를 알고자 한 파우스트 박사를 떠올리게 한다. 1787년 9월 1일 일기에 그는 이렇게 적었다. "내가 모르는 것이 얼마나 많은지 알게 되었습니다. 그리고 모든 것을 알고 파악하는 길이 열려 있습니다." 그는 산 능선을 끝없이 오르내리며 돌덩이를 밀어올려야 하는 천벌을 받은 그리스 신화의 시시포스에 자신의 운명을 빗대어 표현하곤 했다. 괴테가 쓴 《격언집》에 "서두르지 않으나, 쉬지도 않고"라는 구절이 나온다. 괴테는 이 시구대로 살았다. 쓴 대로 살았고, 산 대로 썼다. 《이탈리아 기행》에는 십 년 이상 구상에 매달린 《파우스트》를 드디어 끝낼 수 있을 것 같다는 편지 기록이 있다. 《파우스트》가 최종 완성되기까지는 그 후 오십 년이 더 걸렸다. 조금씩 꾸준히 계속 고치고 보완했기 때문이다. 플라톤의 《국가》 제10권에는 이런 구절이 있다. "훌륭함은 그 주인이 없어서, 저마다 그걸 귀히 여기는가 아니면 대수롭지 않게 여기는가에 따라, 그걸 더 갖게 되거나 덜 갖게 되리라." 진실이라는 문은 당연하게도 진실을 더 알고자 하는 이에게 더 많이 열려 있다. 괴테가 더 많은 진실, 더 깊은 진실을 볼 수 있었던 이유다.

2
위대한 영혼들과 교감하다

슈테판 츠바이크

우디 앨런 감독이 연출한 영화 〈미드나잇 인 파리〉는 파리에 온 미국인 소설가가 심야에 과거의 파리로 시간 여행을 하는 이야기다. 주인공은 1920년대의 파리뿐 아니라 '벨 에포크'라고 불리던 1차 세계대전 직전 프랑스 황금기의 파리까지 넘나들며 어니스트 헤밍웨이, 스콧 피츠제럴드, T. S. 엘리엇, 파블로 피카소, 살바도르 달리, 만 레이, 루이스 부뉴엘, 폴 고갱, 에드가 드가, 툴루즈 로트렉 같은 예술가들을 두루 만난다. 이 훌륭한 예술가들을 모두 만나볼 수 있다면 얼마나 환상적일까? 이 꿈같은 이야기를 실제로 경험한 인물이 있다. 오스트리아 작가 슈테판 츠바이크(1881~1942)다. 츠바이크는 후대에 위대한 작가로 기록될 많은 동시대 예술가들을 직접 만나고 교류했다. 시인 윌리엄 버틀러 예이츠, 폴 발레리, 라이너 마리아 릴케, 라빈드라나트 타고르, 소설가 로맹 롤랑, 마르셀 프루스트, 제임스 조이스, 토마스 만, 허버트 웰스, 버나드 쇼, 아나톨 프랑스…. 그리고 다른 분야의 여러 예술가들과 노벨평화상 수상자인 알프레드 H. 프리트 같은 인물들까지.

괴테가 세상 만물을 두루 관찰하며 세계의 거대한 연관성을 파악하고자 했다면, 작가 슈테판 츠바이크는 위대한 인물들의 영혼을 바라보는 것이 세상을 아는 길이라고 믿었다. 한 민족에 대해서, 그리고 한 시대에 대해서 가장 깊이 알 수 있는 방법은 책을 통해서도 아니고 답사를 통해서도 아니며, 오로지 그 시대의 훌륭한 인물들을 만나 우애를 쌓아 감으로써 가능하다고 믿었다. 그런 신념이 있었고 실제로 그것을 실천했기에 위대한 평전 작가가 될 수 있었을 것이다. 츠바이크는 당대를 대표하는 지식인으로서 한때 세계에서 가장 많은 언어로 번역된 작품의 작가였다. 회고록인 《어제의 세계》에 그는 이렇게 적었다. "나는 전기 작가이자 에세이 작가로서, 어떤 책이나 인물이 그들의 시대에 끼친 영향의 원인이나 영향을 끼치지 않은 원인을 연구해 보는 것을 언제나 나의 의무로 느끼고 있었다."

츠바이크는 여러 위대한 인물들을 만났고 많은 탐구를 했다. 특히 당대의 정신 문화에 영향을 끼치고 있는 인물들을 직접 만나기 위해 노력을 기울였다. 청년 시절의 츠바이크에게 크게 영향을 끼쳤던 인물 중에 이스라엘의 정신적 지도자였던 테오도르 헤르츨이 있다. 츠바이크는 회고록에서 헤르츨과의 만남에 많은 지면을 할애한다.

당시 전 세계를 충격과 분노에 떨게 만들었던 마녀 사냥이 프랑스에서 벌어지고 있었는데, 유대인 출신 프랑스 장교 드레퓌스가 독일제국에 군사 정보를 빼돌린다는 누명을 쓰고 제대로 된 재판 절차도 없이 종신형에 처했던 사건이다. 사건의 진실이 밝혀지기까지는 아주 오랜 세월이 걸렸다. 헤르츨은 프랑스에서 일어난 드레퓌스 사건이 유대인을 표적으로 삼았다는 점에 크게 충격을 받아서 유대인들의 단결을 촉구하는 시오니즘의 주창자가 된다. 츠바이크는 헤르츨을 보면서 한 개인이 공동체와 역사에 미치는 영향력이 얼마나 지대한지 깨닫는 계기가 되었다고 밝혔다. 인물을 관찰함으로써 역사의 진실과 세상의 본질을 파악하고자 하는 츠바이크의 세계관이 형성되어 가고 있었다.

미국을 대표하는 시인 월트 휘트먼은 당시 유럽에는 잘 알려지지 않은 작가였다. 휘트먼을 유럽에 소개하는 데에 평생을 헌신한 작가이자 번역가인 레옹 바잘제트는 츠바이크와는 절친한 사이였다. 츠바이크는 자신을 드러내지 않고 자신보다 더 위대한 정신을 다른 인류에게 전하는 일에 매진하는 바잘제트의 묵묵함에서 어떤 성스러움을 보았던 것 같다. 사도 바울이 없었다면 예수의 정신이 그토록 널리 전해질 수 있었을까. 천문학자 에드몬드 핼리는 자신의 연구 활동에 앞서 아이작 뉴턴의 사상이 묻혀 버리지 않도록 물심양면으로 그를 도왔던 인물이다. 뉴턴 이론이 세상에 널리 알려질 수 있었던 데에는 핼리의 헌신이 있었다. 츠바이크는 친구 바잘제트의 모습에서 위대한 지적 성과를 위해 묵묵히 지원하는 그런 선대 인물들의 희생정신을 보았다.

당시에 문인들은 살롱에 모여서 토론을 펼쳤다. 살롱은 응접실을 가리키는 프랑스 말인데 오늘날로 치면 세미나 또는 공개 포럼에 해당할 것이다. 츠바이크는 당시 살롱의 박식한 음악 박사로 통했던 로맹 롤랑과 각별한 인연을 이어 갔다. 로맹 롤랑은 베토벤을 모델로 삼아 불굴의 인간상을 표현한 역작 소설 《장 크리스토프》를 완성했다. 그의 문학 작품은 유럽이 각 민족으로 갈라져 반목하지 말고 통합된 공동체가 되어야 한다는 점을 역설하고 있었다. 그의 편은 조국 프랑스가 아니라 전 유럽이었다. 어느 나라 사람이냐고 묻는 말에 '유럽 인'이라고 대답한 데시데리위스 에라스뮈스처럼 말이다. 자기 신념대로 글을 쓰다 보니 어쩔 수 없이 프랑스와 등을 져야만 하는 일도 일어났고, 이 때문에 갖은 고초도 겪게 된다. 그렇지만 그의 신념은 꺾이지 않았다. 롤랑을 존경한 인도의 시인 타고르가 스위스의 작은 마을에 머물던 롤랑을 직접 찾아간 적이 있다. 츠바이크도 한결같은 로맹 롤랑을 존경했다.

훌륭한 인물 옆에 있다 보면 자연스럽게 영향을 받을 수밖에 없다. 츠바이크는 시인 라이너 마리아 릴케를 흠모했는데,

그의 모습은 가까이 다가가기 어려울 정도로 순수한 시인의 결정체 같았다. 1875년 오스트리아에서 태어난 릴케는 도이치 어권의 위대한 시인으로 꼽힌다. 미술사를 공부했고, 프랑스 시인 폴 발레리의 작품들을 번역했으며, 로댕의 평전도 썼다. 1차 세계 대전에 징병되어 전쟁 기록 임무를 수행한 적이 있는데, 그때 츠바이크 등 여러 문인들과 함께 복무했다. 츠바이크는 그런 릴케를 보며 세상에서 군복이 가장 안 어울리는 사람이라고 말한 적이 있다. 건강 문제 때문에 병역이 면제되어 군 복무를 오래 하지 않은 것이 릴케에게는 천만다행이지만, 병약한 신체는 그의 영혼을 그리 오래 붙잡아 주지 못했다. 그는 51세에 백혈병으로 사망했다.

평전을 따로 쓰지는 않았지만 츠바이크는 《어제의 세계》에서 아름다운 사람 릴케에 관해 상세히 적었다. "본질적으로 그에게 내재되어 있는 고요함과 정신 집중은 그를 가까이하는 모든 사람을 압도하는 힘을 가지고 있었다." 츠바이크는 인생의 행복했던 순간들을 회고하며 파리에서 릴케와 산책했던 경험을 떠올렸다. 그는 평소에 거의 눈에 띄지 않는 것들을 포착하는 릴케의 시선에 경이로움을 느꼈다고 적었다. 릴케는 모든 사소한 것들을 주의 깊게 바라보았고, 미적인 것과는 무관해 보이는 가게 간판들을 보며 시를 읽듯 낭독을 해 보곤 했다. 릴케가 어떤 사람이냐고 누가 묻는다면 츠바이크는 자신이 쓴 구절을 인용하여 이렇게 대답할 것이다. "그와 상당히 오랜 대화를 하고 난 뒤에는, 몇 시간 동안 아니 며칠 동안이나 뭔가 저속한 일을 할 능력을 잃어 버리는 것이었다." 나는 이 구절을 읽고 나서 너무 깊이 빠져서 한동안 헤어 나오지 못했다. 처음에는 표현의 아름다움에 도취되었지만 그다음에는 '다른 사람으로 하여금 저속한 일을 할 능력을 상실시킬 만한 그 순수한 아름다움'이 과연 어떤 경지일지 아득해졌기 때문이다.

파리에서 만난 아일랜드 출신 작가 제임스 조이스는 어떤 언어든 자유자재로 사용하는 표현의 귀재였다. 츠바이크는 조이스가 건네준 《젊은 예술가의 초상》을 읽었는데, 그 신선하고 강렬했던 경험 때문인지 세상에 충격을 준 파격적인 작품 《율리시스》가 발표되었을 때도 그리 놀라지 않았다고 한다. 작업실에 찾아가 만난 조각가 오귀스트 로댕에게서는 예술가의 높은 집중력을 옆에서 대리 체험했다. 로댕은 츠바이크와 만남을 약속하고서도 막상 츠바이크가 찾아왔을 때는 작업에 집중하느라 자기 옆에 있던 그의 존재 자체를 까맣게 잊어 버렸다고 한다. 엄청난 몰입에서 잠깐 벗어났을 때 로댕은 자신을 기분 나쁠 정도로 응시하는 어떤 낯선 젊은이를 보고 버럭 화를 냈다. 자기가 초대한 츠바이크였다.

츠바이크는 성격이 상반된 예술가들도 두루 만났다. 예컨대 로댕과는 성격이 사뭇 다른 리하르트 슈트라우스 같은 음악가도 만났는데, 그는 광적인 몰입이나 도취 같은 것을 믿지 않고 수공업자처럼 규칙적으로 작업하는 사람이었다. 그는 오전 9시에 출근하여 오후 1시까지 열심히 집중하여 작업을 했다. 로댕과 슈트라우스의 방식은 달랐지만 그들이 창조한 작품들은 모두 훌륭했다.

츠바이크가 본 작가 버나드 쇼는 열정과 에너지가 넘치는 노인이었다. 고령임에도 쇠약함은 찾아볼 수 없었던 버나드 쇼가 동료 문인인 허버트 웰스와 함께 벌인 날선 논쟁은 주변에 있던 후배 작가들을 잔뜩 긴장시켰다. 둘 사이의 팽팽한 논쟁은 지면에도 실렸는데, 그 글을 읽은 츠바이크는 실제 분위기를 100분의 1도 담아내지 못했다고 논평했다. 그가 실제 현장에 있었기 때문이다. 츠바이크는 정신분석학이라는 새로운 영역을 개척한 지그문트 프로이트에게서도 많은 지적 영향을 받았고, 프로이트가 눈을 감는 마지막 순간까지 그와 우애를 쌓았다. 츠바이크는 친구인 화가 살바도르 달리와 함께 프로이트를 찾아간 적이 있다. 그때 달리는 프로이트의 모습을 그렸는데, 그 그림이 눈을 감기 전 프로이트의 마지막 장면이 되었다.

츠바이크는 베토벤과 동시대인은 아니었지만 베토벤이 눈을 감던 마지막 순간을 스케치한 그림을 소장하고 있었다. 열다섯 살부터 시작한 수집 취미는 그의 삶을 바꾸어 놓았다. 모차르트, 바흐, 베토벤, 괴테, 발자크의 필적 자료를 모았고, 로맹 롤랑의《장 크리스토프》초고, 프로이트의 친필 논문, 베토벤이 쓰던 책상, 괴테의 유품들을 소장했다. 츠바이크는 어떤 인물이 사용했던 물건이나 육필 원고들을 수집하다 보면 그 사람을 속속들이 잘 알 수 있다고 밝힌 적이 있다. 앞선 시대의 인물들을 알기 위해 프란츠 리스트의 딸 코지마 바그너를 만났고, 프리드리히 니체의 여동생 엘리자베트 푀르스터를 만났으며, 괴테의 주치의였던 포겔 박사의 딸을 만났다. 레오나르도 다 빈치의 스케치, 나폴레옹의 명령서, 니체가 쓴《비극의 탄생》초고, 헨델, 브람스, 쇼팽, 슈베르트, 하이든, 모차르트 같은 음악가들의 악보, 괴테의 생애별 스케치 열다섯 점… 이렇게 그가 수집한 예술가들의 육필 원고만 4천 점이 넘었다. 츠바이크는 그 인물에게 일어난 세부적인 사건들보다는 그 사람이 지닌 한결같은 특징이 무엇인지 알고자 했다. 보편적인 것을 알기 위해 구체적이고 세부적인 자료들을 모으고 분석한 것이다. 구체와 보편을 넘나들며 그 둘의 연관성을 찾는 일은 학문과 창작 영역에서 끊임없이 이루어지는 지적 활동이다.

그가 수집한 세부 정보들 중에는 작가들의 친필 자료들이 꽤 많은데, 츠바이크의 수집 과정을 알고 있던 작가들은 그와 친하지 않은데도 그에게 기꺼이 자신들의 원고 초안을 기증했다. 츠바이크가 얼마나 그 원고들을 소중하게 다루고 또 잘 보관하고 있는지 익히 들었기 때문이다. 당사자인 자기보다 더 잘 보관해 줄 거라는 믿음이 있었기에 츠바이크가 요청하기도 전에 원고를 먼저 주는 작가들도 있었다. 루이 16세의 비였던 마리 앙투아네트의 평전을 쓰기 위해 츠바이크는 접근 가능한 모든 역사 기록을 뒤졌고, 물품 구매 명세서 같은 사소한 기록들까지 빠짐없이 분석했다. 그는 언제나 실제 원고의 수백 배에 해당하는 자료를 검토했다. 츠바이크의 글이 풍요로워진 것은 그가 수집한 엄청난 자료 덕분인데, 츠바이크는 1천 매 분량의 초고에서 800매를 버릴 줄 알아야 좋은 작품이 된다며 자신의 글에도 엄격한 기준을 적용했다.

츠바이크가 레프 톨스토이 탄생 일백 주년 행사에 초대를 받아 러시아에 간 일이 있다. 그가 찾은 톨스토이의 묘는 아무 표지도, 아무 장식도, 비석도 하나 없이 매우 소박했다. 그 소박한 모습이 톨스토이라는 한 인물을 대변해 주는 듯했다. 〈사람에게는 얼마나 많은 땅이 필요한가〉라는 글을 썼던 그 톨스토이 말이다. 러시아 작가 막심 고리키와의 인연은 츠바이크 전집의 러시아 판 서문을 그가 쓰면서 비롯되었다. 고리키와는 언어가 전혀 통하지 않았지만, 츠바이크의 표현을 빌리면 고리키의 모습이 바로 러시아 민중 자체였기에 그의 말과 몸짓, 표정을 보면 그가 표현하고자 하는 것을 고스란히 다 이해할 수 있었다고 한다.

츠바이크의 삶은 훌륭하고 멋진 예술가들로 둘러싸여 있었지만, 그 세대에 닥친 양차 세계대전의 광풍은 예술 작품들에 깃든 아름다움과 인류애를 모두 앗아가 버렸다. 츠바이크는 1차 세계대전으로 국가 간 갈등이 심화되면서 역사 왜곡이 이루어지는 현장을 목격하고 체험한다. 셰익스피어 드라마는 독일에서 추방되었고, 모차르트와 바그너의 오페라는 영국에서 추방되었다. 독일 교수는 단테가 게르만 인이라고 가르쳤고, 프랑스 교수는 베토벤이 벨기에 인이라고 가르쳤다. 1차 세계대전은 유럽 인들에게 민족 간 혐오를 가르쳤다. 독재자 무솔리니에 맞서 투쟁하고 있는 베네데토 크로체를 만났을 때, 그는 츠바이크에게 어려운 시기에도 끝없이 저항하는 것이 곧 젊음이라고 말해 주었다.

츠바이크는 한 인물의 삶을 정리하면서 그 인물을 규정하는 일관된 특성을 찾았다. 예컨대 에라스뮈스의 한결같음은 한쪽에 치우지지 않는 섬세한 정신이었다. 그 정신은 마르틴 루터를 탄생시켰으나 그와 협력하지 않았다. 작가 발자크의 한결같음은 좌절 따위는 모르는 불굴의 의지력이었다. 그는 '나폴레옹이 칼로 이루었던 일을, 나는 펜으로 이루리라'는 모토를 지닌 인물이었다. 톨스토이의 한결같음은 신체적 강인함이다. 82세 고령에도 말을 타고 수십 킬로미터를 달렸다는 기록이 있다.

츠바이크와 친했던 바잘제트가 끊임없이 말해 준 덕분이기도 했겠지만, 츠바이크에게 미국은 무엇보다 위대한 시인 월트 휘트먼의 나라였다. 미국이라는 말을 떠올렸을 때 그는 항상 휘트먼의 시를 함께 떠올렸으며, 휘트먼의 나라를 언젠가 꼭 한 번은 가 보고 싶다는 소망을 늘 간직하고 있었다. 그런데 막상 그가 미국에 처음 갔을 때 먼저 달려간 곳은 휘트먼의 고향이 아니었다. 츠바이크가 처음 찾아간 곳은 인력 사무소였다. 부잣집 아들로 태어나 평생 가난이라고는 모르고 살았던 츠바이크는 미국에 도착했을 때 생각했다. 만일 내가 무일푼으로 여기서 있다면 난 뭘 하면서 이 나라에서 먹고살 수 있을까? 인력 사무소 직원은 츠바이크에게 어떤 능력을 갖고 있는지 물었다. 츠바이크는 글 쓰는 것에 자신이 있고 외국어 번역도 할 수 있다고 대답했다. 인력 사무소 직원은 국적이나 비자 등 그 어떤 개인 정보도 묻거나 요구하지 않았으며, 그저 일에 관련된 것들만 물어보고 일자리를 주선해 주었다. 츠바이크는 거기서 미국의 참모습을 보았다. 그곳은 출신이 어떠하든 상관없이 능력이 있고 열심히 일하기만 하면 누구든 성공할 수 있는 곳이었다. 그는 그렇게 진실에 접근했다. 진정한 세계 시민들의 나라인 미국의 장점을 발견했지만 그렇다고 미국의 밝은 면만 본 것은 아니다. 개통을 앞둔 파나마 운하를 찾아가서는, 유럽 자본이 시작하고 미국 자본이 완성한 이 거대한 사업 때문에 얼마나 많은 사람들이 죽어 나갔는지 상기하며 애통해 했다.

츠바이크가 마지막까지 작업했던 원고는 《몽테뉴 평전》이라고 알려져 있다. 츠바이크는 몽테뉴를 제2의 에라스뮈스라고 평가했는데, 어떤 한 주장을 고집하지 않고 자유로운 정신을 평생토록 추구했던 인물로서의 공통점 때문이다. 그리고 츠바이크 자신이 추구했던 방향이 또한 그러했다. 츠바이크는 자신에게 주어진 좋은 기회들을 잘 활용했다. 그는 한 개인으로서는 부러울 것 없이 풍족한 생활을 누렸으나, 한 세대로 보면 가장 비참했던 한 세기를 살았다. 자살로 생을 마감한 것을 보건대, 그는 히틀러로 대표되던 그 야만의 시대를 더 이상 버틸 수 없었던 것 같다. 츠바이크의 유서 본문은 모어인 도이치 어로 작성되었지만 제목만큼은 포르투갈 어로 적혀 있다. 브라질에서 마지막 시절을 보냈던 츠바이크는 입국과 체류에 관대했던 당국과 자신의 지친 영혼을 돌봐준 친절한 브라질 사람들에게 감사를 표하기 위해 브라질이 사용하는 포르투갈 어로 유서 제목을 적었던 것이다. 긴 시간은 아니었지만 그는 자유분방하고 다양성이 넘치는 나라인 브라질에 살면서 《미래의 나라, 브라질》이라는 책을 썼다. 그가 세상을 뜨기로 결심한 것은 이 책을 쓴 이듬해였다. "원컨대, 친구 여러분들은 이 길고 어두운 밤 뒤에 아침 노을이 마침내 떠오르는 것을 보기를 빕니다! 나는, 이 너무나 성급한 사나이는 먼저 떠나가겠습니다." 위대한 인물들의 영혼과 교감하고자 했던 인물은 그들보다 앞서 그렇게 세상을 떠났다.

3
보편적 인권을 소명하다
에밀 졸라

1859년 찰스 다윈이 《종의 기원》을 발표했다. 이 혁명적인 저술은 생물 종들 사이에 뚜렷한 경계가 없음을 보여 주었다. 다윈의 진화론은 모든 창조물들을 조화롭고 완벽하게 창조한 하느님에 대한 도전이자 부정으로 여겨졌고, 서구의 사상적 기반이었던 기독교적 세계관에 거대한 충격과 균열을 가져다주었다. 진화론이 밝힌 진실이 뭐냐면, 모든 존재는 주어진 환경에 적응하며 변화하는 것이며 그 과정에서 누적된 생존 정보와 특질을 후대에 물려준다는 것이었다. 작가 에밀 졸라(1840~1902)도 이런 사상적 풍토의 영향 아래 있었다.

에밀 졸라는 혼인 관계로 맺어진 루공 가문과 마카르 가문의 구성원들이 어떠한 삶을 살아가게 되는지를 탐색하는 《루공-마카르 총서》 스무 권을 집필했다. 이 프로젝트를 기획하게 된 데에는, 발자크가 모든 인간 군상 드라마를 펼쳐 보이겠다는 야심으로 기획한 《인간 희곡》의 영향이 컸다. 발자크의 《인간 희곡》은 단테의 《신곡》으로부터 영감을 받은 것이니, 삶과 세계의 진실을 탐색하겠다는 거대한 포부가 단테에서 발자크로, 그리고 다시 에밀 졸라로 이어진 것이다. 《루공-마카르 총서》의 부제가 "어느 가문의 자연적 사회적 역사"라는 것에서 짐작할 수 있듯이, 에밀 졸라는 여러 세대를 거치며 펼쳐지는 사건들을 통해 인간 삶을 결정짓는 자연적 요인과 사회적 요인을 찾아보고자 했다. 자연적 요인이란 세대를 거치면서 종적으로 이어지는 유전을 가리키고, 사회적 요인이란 동시대의 횡적인 물질 조건과 환경을 가리킨다.

에밀 졸라는 적나라한 현실을 극적으로 표현해 냈고 현실보다 더 현실 같은 문장들로 이야기를 구성했다. 1877년 《목로 주점》이 커다란 성공을 거두었고, 이 책 말고도 수십 여 작품이 베스트셀러 목록에 올랐다. 작가로서의 명성이 절정에 달한 에밀 졸라에게 운명처럼 거대한 역사적 과업이 맡겨진다. 엄밀히 말하면 에밀 졸라가 자발적으로 뛰어들어 맡게 된 일이다. 간단히 외면함으로써 거부할 수 있었음에도, 즉 모든 선택권이 오롯이 에밀 졸라 자신에 있던 그런 상황이었는데도 그는 이 일을 작가인 자신에게 주어진 소명이라고 여겼던 것 같다. 그것은 바로 진실 규명이라는 시대의 과업이다. 이를 받아들인다면 자신 앞에 험난한 여정이 펼쳐질 것을 직감했지만 그는 망설임 없이 그 길을 택했다. 그것은 부당하게 고통을 당하고 있는 어느 프랑스

인을 지켜주는 일이었다.

프랑스에서 앞뒤 수식어 없이 '사건'(L'affaire)이라고만 말하면 '드레퓌스 사건'을 가리킨다. 그 정도로 드레퓌스 사건은 프랑스 역사에서 중요한 부분을 차지하고 있다. 드레퓌스 사건을 살펴보는 것은 프랑스 근대사를 돌아보는 것이면서 동시에 진실 은폐와 왜곡을 둘러싸고 일어날 수 있는 모든 과오들을 생생하게 되짚어보는 일이기도 하다. 우리가 배우고 고쳐야 할 것들이 이미 드레퓌스 사건에서 다 확인되었는데도, 드레퓌스 사건과 비슷한 진실 왜곡의 과오들은 다른 나라 다른 시대에서 여전히 되풀이된다. 대중 선동과 군중 심리, 마녀 사냥은 인류가 언제든 빠지기 쉬운 유혹이라 그러할 것이다.

1880년 프랑스는 콜롬비아가 발주한 파나마 운하 공사를 수주한다. 태평양과 대서양을 잇는 이 대역사에 참여할 기회가, 이집트의 수에즈 운하를 건설한 경험이 있는 기술자 페르디낭 마리 드 레셉에게 다시 한 번 주어졌다. 공사는 순탄치 않았다. 수에즈의 경험으로 해결할 수 없는 기술상의 새로운 난관들에 봉착했고, 설상가상으로 말라리아가 창궐하여 노동자들이 2만 2천 명이나 죽었다. 더는 공사를 진행하면 안 되는 상황이 왔지만 그대로 중단하면 막대한 손실이 불가피했기에 시공사는 모든 정보를 감추고 공사를 강행하는 방법을 궁리했다. 그것이 착오였다. 이 잘못된 결정은 프랑스에 돌이킬 수 없는 막대한 손실을 가져오게 된다. 공사 중단 조치가 내려지는 것을 막기 위해 정치인들에게 뇌물이 뿌려졌고, 오히려 정부의 신규 투자를 더 이끌어내기 위해 대규모로 불법 로비가 펼쳐졌다. 정경유착의 규모와 범위는 상상을 뛰어넘었는데, 드레퓌스 사건의 진상을 규명하는 데에 결정적인 역할을 했던 조르주 클레망소 역시 이 스캔들에 연루되었을 정도다. 클레망소가 독립 언론 매체를 설립하고 드레퓌스 사건의 진실 규명에 필사적으로 매진했던 데에는, 파나마 스캔들로 더럽혀진 도덕성을 되찾고 명예를 회복하려는 면도 크게 작용했을 것이다. 파나마 운하 사업은 처참히 실패했고 사업권은 미국에 양도되었다.

드레퓌스 사건의 시대 배경을 말할 때, 1880년대에 거세게 불었던 불랑제 장군 열풍도 빼놓으면 안 된다. 조르주 불랑제는 우파 애국주의의 아이콘이 되었던 군인이다. 잘생긴 외모에 쇼맨십까지 갖추었던 불랑제 장군은 자신에게 주어진 기회를 잘 활용할 줄 알았다. 미국 독립전쟁 일백 주년 기념식에 프랑스 대표로 참석한 그는 미 군함에 게양된 독일 국기를 보고 미국 측에 거세게 항의를 하여 끝내 양보를 받아냈다. 미국이 불랑제 장군의 항의를 받아들여 특정 시간에만 제한적으로 독일 국기를 걸기로 결정한 것이다. 이 일이 프랑스 국내에 전해졌고, 독일에 한방 먹이고 미국까지 굴복시킨 외교의 승리로 온 언론 매체에 대대적으로 보도되었다. 불랑제 장군은 일약 프랑스의 유명 인사가 되었다. 한번은 프랑스 병사가 실수로 국경 지대에서 독일 쪽에 억류된 일이 있었는데, 불랑제 장군이 매우 강경한 태도로 독일 측에 항의를 한 끝에 그 병사가 무사히 프랑스 땅으로 돌아왔다. 이를 두고 프랑스 언론은 독일의 철혈 재상 비스마르크까지 혼쭐낸 영웅이라며 불랑제 장군을 칭송했다.

불랑제 장군은 자신에게 부여된 첫 임무가 유대인 척결이라는 점을 공공연하게 떠들고 다녔지만 아무도 반대하는 사람이 없었다. 그는 애국주의의 완벽한 영웅이 되어 갔다. 불랑제에게는 그 순간 결단만 하면 권력을 일거에 쟁취할 수 있었던 쿠데타의 기회도 주어졌지만 그 길을 선택하지는 않았다. 불랑제는 자살로 생을 마감했다. 극도로 보수적이며 민족주의적인 이때의 복고 경향을 일컬어 '불랑제주의'라고도 부르는데, 불랑제가 사망한 후에도 이런 경향은 좀처럼 잦아들지 않았다. 그가 생전에 부르짖었던 '유대인 척결'이라는 무시무시한 구호 역시 식어 버린 것은 아니었다.

프랑스는 유럽에서 최초로 유대인들에게 시민권을 부여한 나라였지만 그렇다고 그들에게 마음까지 활짝 연 것은 아니었다. 유대인들은 현금과 금융 자산을 불리는 데 혈안이 된 사람들이라고 일반적으로 여겨졌고, 프랑스 사람들도 그렇게 생각했다. 대부업 등으로 부를 축적한 것은 제도상 토지 소유가 불가능한 유대인들의 자구책이었을 것이지만, 기독교 성서에 따르면 이른바 이자놀이 같은 건 분명한 죄악이었다. 그리고 유대인들에게는 돌아갈 조국의 땅이 없었다. 그들은 독립 국가를 향한 소망과 기대를 가지고 어쩌면 실현될지도 모를 훗날을 기약하며 재산을 불려 왔던 것이다. 그렇다 하더라도 유대인들이 시민으로서 부적격한 일을 하는 사람들은 아니었다. 나중에 에밀 졸라의 장례식에서 조사를 낭독했던 작가 아나톨 프랑스는 당시의 유대인 혐오가 토종 프랑스 인들에게는 '안보상 보험' 같은 거였다고 말한 적이 있다. 무슨 뜻이냐면, 나라에 어떤 나쁜 일이 생기면 유대인들을 성난 민심의 표적지로 삼으면 된다는 거였다. 조금이라도 꼬투리가 생기면 유대인들에게 언제든 쌍욕을 해 댈 준비가 되어 있다는 말이기도 했다. 그러니 앞의 수식어가 '드레퓌스'가 아니었다 해도 그와 같은 '사건'은 언제든 일어날 수밖에 없는 시대 분위기였다는 것이다. 에밀 졸라의 소설에서도 유대인은 부정적인 이미지로 묘사되고 있는데, 작가의 관점이 반영된 것이라기보다는 그것이 엄연한 사회 분위기요 현실이었기 때문일 것이다. 에밀 졸라는 있는 그대로 쓰는 작가였기 때문이다.

1870년에 일어난 프로이센-프랑스 전쟁은 프로이센(통일 전 독일)의 세력 팽창을 막기 위해 프랑스가 선전포고를 하며 벌어졌다. 그러나 프랑스의 기대와 달리 이 전쟁은 프로이센의 승리로 끝났고 오히려 강력한 독일제국이 탄생하는 토대를 마련해

준 꼴이 되었다. 1871년에 독일제국이 선포된 장소는 프랑스의 심장인 파리 베르사유 궁이었다. 프랑스의 자존심은 완전히 땅에 처박혔다. 알자스-로렌 지방을 빼앗기며 국토가 줄어들었고, 프랑스 국민은 독일군이 파리 개선문을 지나는 장면을 지켜봐야 했으며, 국가 예산의 몇 배에 달하는 전쟁 배상금을 지불해야 했다. 엄청난 물적 손실과 인적 손실에 깊이 상처 입은 민족적 자존심까지, 독일에 대한 반감과 적개심은 커져만 갔다. 대대적인 국민 모금 운동으로 전쟁 배상금을 조기에 갚아 버린 것도 독일의 '더러운' 간섭에서 하루빨리 벗어나기 위함이었다. 독일을 향한 혐오가 깊어지고 있었다.

1894년 프랑스의 군사 정보가 독일에 유출되었다는 첩보가 보고된다. 프랑스 군은 정보를 입수하고서 간단한 내부 조사 후에 유대인 장교 드레퓌스를 첩자로 지목했다. 아나톨 프랑스가 말했던 '안보상 보험'이 등장하고야 만 것이다. 누명을 쓴 드레퓌스는 체포되었고 군사 재판에서 종신형을 선고받았다. 독일군에 넘긴 명세서의 필적이 드레퓌스의 것이라는 점이 유죄 판결의 결정적인 증거였다. 독일 스파이 노릇을 하는 유대인이 프랑스 장교였다니. '드레퓌스를 죽여라!'라는 외침이 전국 각지에 울려 퍼졌다.

사건의 담당자인 뒤파티 소령은 체포된 드레퓌스에게 권총 자살을 권유했다. 불명예를 당하느니 군인답게 죽으라는 것이었는데, 실은 자신이 조작한 일을 깔끔하게 마무리지으려면 드레퓌스의 자백이나 자살이 필요하기 때문이었다. 뒤파티는 드레퓌스가 해당 명세서를 작성했다고 조작한 인물이다. 그는 자신이 하는 모든 일이 국익을 위한 신성한 일이라 여겼으며 그에 따라 온갖 조작을 서슴지 않았다. 그는 작가 조지 오웰이 《1984》에서 중요하게 다루는 '이중사고'(doublethink)에 딱 부합하는 인물이었다. 이중사고란 두 가지 상반된 내용을 동시에 수용할 수 있게 하는 사고방식이다. 역사를 조작하는 임무를 맡은 당원들은 꾸준한 연습과 훈련을 통해 자신이 조작한 정보를 틀림없는 사실로 믿어 버렸다. 이중사고 능력이 뛰어난 당원들은 자신이 조작한 행위에 대한 기억은 금세 잊고, 조작된 새 정보를 사실이라고 새롭게 기억한다. 거짓말에 능숙한 이들 중에는 가끔 자기가 한 거짓말을 실제 사실이라고 믿어 버리는 경우(리플리 증후군)도 있는데 이중사고의 과정도 이와 비슷하다.

필적 감정가들의 의견이 합의되지 않자 뒤파티는 드레퓌스가 치밀하게 필적을 속였을 거라고 주장했다. 드레퓌스가 체포되고 나서 집을 샅샅이 수색했는데도 증거가 될 만한 자료가 전혀 나오지 않은 점이 그가 사전에 치밀하게 범죄를 계획했다는 증거라는 것이다. 뒤파티에게는 늘 이중사고 같은 것이 작동했다. 그는 버젓이 자기가 증거를 조작했음에도 드레퓌스가 진범이라는 점을 전혀 의심하지 않았다.

드레퓌스는 뒤파티가 종용한 범행 자백과 자살, 둘 다 거절했다. 드레퓌스는 '악마도'라 불리는 외딴 섬의 감옥에 보내졌는데, 혹시 바다를 향해 신호를 주고받을 수 있다는 이유로 외부가 전혀 보이지 않는 감방에 수감되었다. 드레퓌스를 조금이라도 옹호하면 큰일이 벌어질 시대 분위기에서 현역 군인인 피카르 중령이 용감하게 이의를 제기했고 진상 규명을 위해 할 수 있는 모든 노력을 쏟았다. 피카르 중령이 진실을 향한 신호탄을 쏘자 드레퓌스 처분에 대해 문제를 제기하는 사람들이 하나둘 나타났고, 상원의원 케스트네르를 중심으로 드레퓌스 재판에 대한 재심 운동이 시작되었다. 이때가 1897년 7월로, 드레퓌스가 체포된 지 이미 삼 년이나 지난 시점이었다.

작가 에밀 졸라가 드레퓌스 사건에 뛰어들었을 때 드레퓌스라는 인물에 관해 거의 알지 못했다는 점을 주목할 필요가 있다. 1894년 10월 31일 드레퓌스가 체포되었을 당시 에밀 졸라는 로마에 있었고, 프랑스로 돌아온 것은 12월 15일이었다. 드레퓌스에 관해 별로 아는 바가 없는 상황에서도 이 사건에 뛰어들었다는 점이 그의 훌륭함이다. 동료 작가 알퐁스 도데는 작가가 정치적 현실에 참여하는 것은 바람직하지 않으며 괜히 불이익을 당할 수 있는 일이니 굳이 사건에 나서지 말라고 충고했다. 그렇지만 에밀 졸라는 자기 신념대로 밀고 나갔다. 에밀 졸라는 드레퓌스를 위해 싸운 것이 아니라 불공정하고 부당한 처

우로 참기 힘든 고통을 당해야만 했던 어느 프랑스 시민을 위해 싸웠다. 드레퓌스가 아닌 다른 사람이었더라도 에밀 졸라는 똑같은 일을 했을 것이다. 자신과 상반된 주장을 펼치는 사람이 있다 해도 그 사람의 말할 권리를 위해서는 기꺼이 투쟁하겠다고 했던 볼테르의 정신을 이어받은 것이다. 에밀 졸라는 드레퓌스가 결백하다는 확신이 있어서 사건에 뛰어든 것이 아니라, 보편적 인권의 가치가 위험에 처했음을 깨닫고 사건에 뛰어들었던 것이다.

에밀 졸라는 프랑스가 역사상 수없는 희생을 치르며 간직해 온 민주주의라는 이념을 지키려고 싸웠다. 드레퓌스뿐 아니라 민주주의 국가의 민주 시민이라면 누구든 정당한 절차에 따라 재판을 받을 권리가 있다. 군부가 비민주적인 비공개 군사 재판으로 종신형을 선고해 버린 것은 프랑스 민주주의에 대한 정면 도전이다. 그것이 에밀 졸라의 신념이었다. 에밀 졸라는 대중의 사랑과 존경을 한몸에 받던 작가였다. 그는 자신이 누리던 인기와 부와 명예를 고스란히 내려놓고 더 가치 있는 것을 지키기 위해 싸웠다. 에밀 졸라의 선택에는 한 치의 망설임도 없었다.

당시 프랑스의 국회의원들은 입법부 구성원으로서 국가의 법을 만드는 주체임에도 선거에서 당선되기 위해 드레퓌스 사건의 불법적인 재판 절차와 수많은 위법 사실에 대해 하나같이 입을 다물었다. 한마디라도 뻥끗한 의원들은 선거에서 줄줄이

낙선했다. 행정부도 침묵했다. 국익이라는 명분으로 언론의 잔인한 마녀 사냥을 묵인해 주었다. 인간 해방의 시대가 왔다고 믿었는데 오히려 종교 전쟁 시대로 역행하는 듯한 프랑스의 현실을 보며 에밀 졸라는 안타까워하고 슬퍼했다.

　드레퓌스는 국가 기밀을 빼돌린 첩자로 취급당했기에 그에 대한 여론의 시선은 매우 가혹했다. 에밀 졸라가 이 사건의 부당함에 대해 지적하고 진실을 밝히겠다고 나서자, '국민 작가'였던 그를 향한 대중의 애정이 순식간에 싸늘한 증오로 바뀌었다. 에밀 졸라는 자신도 마녀 사냥의 표적이 될 거라는 점을 잘 알고서도 그 길을 향해 갔다. 한쪽으로 심하게 기울어진 여론과 싸우는 것은 가시밭길을 걷는 일이었다. 조르주 클레망소는 독재자에게 맞서는 용기 있는 사람들이 적지는 않지만 여론의 횡포에 맞서려면 더 큰 용기와 결단이 필요하다고 말한 적이 있다. 거의 모든 언론 매체가 음모론과 가짜 뉴스로 뒤덮였다. 더 자극적인 뉴스를 실을수록 판매 부수는 늘어났다. 가톨릭 계 신문 〈라 크루아〉(십자가)는 이 사건을 두고, 유대인들이 프랑스 안에 자기들의 독립 영토를 만들기 위한 음모라고 주장했다. 300만 독자를 보유한 〈르 프티 주르날〉(작은 신문)은 드레퓌스가 비밀리에 만난 독일 귀족과 함께 묵었다는, 러시아의 있지도 않은 호텔 이름과 객실 번호를 공개했다. 마녀 사냥의 선봉에 섰던 매체 〈리브르 파롤〉(자유 발언) 지는 '유대인을 죽여라!'라는 문구를 수시로 내걸어 대중을 자극했다.

〈로로르〉(여명) 지를 창간한 조르주 클레망소는 드레퓌스 재판의 내용 문제에 앞서 재판 절차가 우선 불법적이었다는 점을 파고들었다. 이는 드레퓌스의 유죄를 굳게 믿는 사람들에게도 충분히 설득될 수 있는 주장이었다. 우파 매체인 〈로토리테〉(권위) 지도 이에 어느 정도 동조하며, 드레퓌스를 벌하는 건 맞지만 합법적으로 벌해야 한다는 취지로 논설을 게재했다. 클레망소는 무죄만 주장하는 것은 현재로서 승산이 너무 적다고 보고, 전략적으로 우선 '재심'의 필요성을 역설하는 데에만 집중했다. 클레망소처럼 기획력이 좋은 인물이 진실의 진영에 있었던 것은 커다란 행운이었다.

1898년 1월 13일에 〈로로르〉에 에밀 졸라의 '나는 고발한다'가 실린다. 이슈 설정 감각이 좋았던 클레망소는 '공화국 대통령에게 드리는 편지'라는 초고 제목을 '나는 고발한다'로 고쳐 실었다. 결과적으로 훨씬 더 큰 홍보 효과를 발휘했다. 구독자도 별로 없는 신문이었지만 '나는 고발한다'가 실린 날에만 30만 부가 팔렸다. 공화국 대통령에게 보내는 편지 형식의 논설인 이 글은 "나는 고발합니다"라는 문장으로 시작하면서 진실 왜곡에 앞장선 이들을 상세히 고발하고 있다.

"이제는 떠날 시간입니다. 저는 죽으러 여러분은 살아가려 떠날 시간 말입니다. 그러나 우리 중에 어느 편이 더 나은 쪽으로 가게 될지는, 신 말고는 아무도 알지 못할 것입니다." 이것은 플라톤의 《소크라테스의 변론》에 나오는 구절로, 사형 판결이 내려진 후에 소크라테스가 방청석에 있는 아테나이 시민들을 향해 하는 마지막 말이다. 에밀 졸라의 심정도 그러했을 것이다. '나는 고발한다'는 이렇게 끝난다. "나의 불타는 항의는 내 영혼의 외침일 뿐입니다. 이 외침으로 인해 내가 법정으로 끌려간다 해도 나는 그것을 감수하겠습니다." 에밀 졸라는 이 글로 인해 군부에 고소당하고 유죄 판결을 받는다. 판결 후에 에밀 졸라는, 감옥에 가거나 죽는 것이 두렵지는 않지만 군중의 광기에 의해 차단당하는 것은 너무 두렵다고 말했다.

1899년 8월 드디어 역사적인 재심이 열렸다. 그러나 프랑스는 이번에도 올바른 선택을 하지 못했다. 재심에서 드레퓌스는 다시 유죄를 선고받았다. 정부의 계산은, 유죄로 판결함으로써 민심을 거스르지 않아도 되고, 드레퓌스는 대통령령으로 사면시켜 주면 된다는 것이었다. 정부의 사면 카드는 진실 규명을 회피할 수 있는 좋은 방법이었다. 드레퓌스는 유죄 판결을 받았지만 사면되어 석방되었다. 이 과정에서 드레퓌스 사건의 진실을 밝히는 데 애를 썼던 사람들 사이에서는 큰 논쟁이 있었다. 사면이란 죄가 있지만 더 이상 처벌하지 않고 석방해 주는 것이므로 당장의 사면을 받아들여선 안 되며, 재판으로 최종 무죄가 나올 때까지 싸워야 한다는 것이다. 그렇지만 에밀 졸라는 사면을 바라는 드레퓌스를 옹호했다. 거창한 명분을 지키는 것보다 지쳐 있는 한 인간의 고통을 위로하는 것이 중요하다고 여겼던 듯하다. 에밀 졸라는 드레퓌스 부인에게 보내는 공개 서한에서 이렇게 말했다. "그런데 부인, 이 사면은 정녕 가슴 아픈 사면입니다. 과연 그토록 가혹했던 육체적 고통 뒤에 이토록 가혹한 정신적 고통을 줄 수 있는 걸까요? 정의에 의해 의당 누려야 할 것을 자비에 의해 하사받았으니 이 얼마나 분통 터지는 일인지요!"

사진이 발명되고 한참이 지난 시대이므로 사진 기록이 많이 있을 법하지만, 드레퓌스 사건이 진행되는 과정에서 재판정 내부를 찍은 사진은 따로 없고 삽화만이 남아 있다. 재판정에 사진기를 반입하는 것을 금지했기 때문인데, 당국은 영상 매체가 어떤 파급력을 가져올지 몰라서 두려워했던 것 같다. 지구에서 발사된 우주선이 달까지 날아가 달님의 한쪽 눈에 박히는 흑백 영화의 한 장면을 기억하는가. 영화 역사 초창기의 작품인 〈달나라 여행〉의 감독 조르주 멜리에스는 특수효과의 선구자로 불리는데, 현실과 가장 동떨어져 보이는 영화를 만든 이 감독이 가장 적나라한 현실을 다큐멘터리처럼 담은 영화 〈드레퓌스 사건〉을 만들었다. 영화는 발표되자마자 바로 상영금지 처분을 받았다. 멜리에스 감독의 딸 마들렌은 아버지가 드레퓌스 사건을 처음 알게 되었을 때 다른 사람들과 마찬가지로 큰 관심을 보였다가 부당한 처분에 대한 분노를 갖게 되었고, 그러고서는 차츰 그를 향한 연민으로 바뀌어 갔다고 회고했다. 멜리에스 감독은 드레퓌스가 나오는 장면의 배경에 월계관을 쓴 아폴론 흉상을 배치함으로써 아폴론이 상징하는 '이성'이 승리하리라는 염원을 표현했다.

 1906년 드레퓌스는 재심 끝에 마침내 무죄 판결을 받았고, 프랑스 군 장교 지위도 되찾았으며 명예롭게 복권되었다. 그렇지만 이국 땅에서 사망한 에밀 졸라는 안타깝게도 그 재판 결과를 보지 못했다. 아나톨 프랑스는 에밀 졸라의 장례식에서 '진실과 정의의 수호자에게 바치는 경의'라는 조사를 낭독했다. 에밀 졸라의 시신은 국립 묘지인 팡테옹에 안장되었는데, 이 기념식에 참석한 드레퓌스를 향해 군중 가운데 누가 총을 발사하는 사건이 발생했다. 드레퓌스 사건이 법적으로는 종결되었으나 프랑스 국민들에게는 완전히 종결된 것이 아님을 보여 준 장면이었다. 드레퓌스 사건이 일어난 지 일백 년이 지난 1998년 1월에 프랑스 대통령 자크 시라크는 에밀 졸라와 드레퓌스 유족에게 국가를 대표하여 사과 서한을 전달했다. 비로소 모든 것이 마무리되었다. 진실은 역사가 되었다.

4
실천을 통해 이론을 완성하다

프리드리히 엥겔스

프리드리히 엥겔스(1820~1895)는 《영국 노동계급의 상황》에서 인간이 얼마나 좁은 공간에서 살 수 있는지를 보려면 1840년대의 맨체스터에 와 보라고 적었다. 노동자들은 하루 벌어 하루 먹기에도 빠듯한 삶 속에서 임금이 나오는 토요일 저녁만을 손꼽아 기다린다. 임금을 받고 집에 돌아가는 길에 가족과 함께 먹을 고기를 조금 살 수 있기 때문이다. 그나마 살 수 있는 고기는 병에 걸려 도축되거나 부패가 시작된 질긴 고기다. 상인들은 상한 고기를 팔기 위해 인체에 해로운 이물질을 서슴지 않고 사용했다. 재수가 없어 단속에 걸리면 벌금을 내야 하지만 안 걸릴 확률이 훨씬 더 높아서 그 짓을 계속한다. 노동자는 그런 사실을 뻔히 알고서도 어쩔 수 없이 값이 가장 싼 고기를 산다.

노동자들은 공장에서 잠시 자기 자리를 비워도 임금이 깎였다. 출근 시간 삼 분을 지각하면 시급의 4분의 1이 깎였고 이십 분을 지각하면 일당의 4분의 1이 깎였다. 그런데 공장 시계는 늘 십오 분 정도 빠르게 설정되어 있었기에 임금이 깎이지 않으려면 원래 시간보다 십오 분 일찍 공장에 도착해야 한다. 출근 시간은 오전 5시, 퇴근은 오후 6시였다. 밖에는 일자리를 기다리는 사람들의 긴 줄이 있었기 때문에 공장 노동자들은 이런 것에 불평불만을 쏟아 낼 수 있는 처지가 아니었다. 성인의 팔이 닿지 않는 기계 구석까지 청소하는 데에 아동들이 투입되었고 공장 노동자들 중에는 팔다리가 잘린 사람들이 부지기수였는데, 대체로 그 원인이 비슷했다. 공장에서는 기계가 멈추는 짧은 휴식 시간에 인부들에게 기계 청소를 시킨다. 그렇지만 노동자들은 그 짧은 휴식 시간에 조금이라도 더 쉬기 위해, 기계가 돌아가고 있을 때 청소를 미리 끝내 두려고 한다. 그 참혹한 대가는 잘린 팔다리 또는 비참한 죽음이다. 일자리를 잃고 부랑자가 되어 버린 사람들은 가난한 노동자들이 오가는 거리에서 구걸을 하며 살아간다. 그들에게 돈을 주는 이들은 부자나 먹고살 만한 이들이 아니라 극심한 가난과 고통을 경험해 본 가난한 노동자들뿐이다.

프랑스 정치학자 알렉시 드 토크빌은 미국을 시찰한 후 《미국의 민주주의》라는 책을 썼다. 이 책에서 그는 미국에 뿌리내리고 있는 민주주의의 위력을 찬양하면서도 민주적 여론 형성 방식 안에 도사리고 있는 '다수의 폭정'이라는 위험에 관해서도 경고하였다. 토크빌이 유럽으로 돌아와 영국 맨체스터를 방문한 적이 있는데, "정부 기능이 아예 정지된 듯하다"며 이 도시에 대한 첫 소회를 밝혔다. 공장 지대 하천에서는 온갖 지독한 냄새가 풍겼다. 그에게 맨체스터는 "더 이상 갈 곳 없는 노동자들의 거처"이자 "악덕과 빈곤의 본거지"로 보였다. 반란이나 혁명이 일어난다고 해도 전혀 이상할 것이 없었다. "프롤레타리아들은 공산주의 혁명에서 족쇄 말고 잃을 것이 아무것도 없다. 그들에게는 얻어야 할 세계가 있다"라는 《공산당 선언》의 구절이 표현하고자 했던 시대 분위기가 바로 그것 아닐까. 더 이상 잃을 게 없는 이들을 궁지로 몰아갈 때 봉기는 일어나기 마련이다.

엥겔스는 진보 사상과는 거리가 한참 먼 보수 성향의 대표 사상가인 토머스 칼라일을 지적인 멘토들 중 하나로 여겼다. 칼라일은 당시 시대상에 대해 인간들 사이를 잇는 유일한 연결고리가 '현금 지불'뿐이라며 개탄한 적이 있다. 《공산당 선언》에도 이와 비슷한 구절이 나온다. "부르주아 계급은 (…) 사람과 사람 사이에 벌거벗은 이해관계와 냉혹한 '현금 계산' 외에는 아무런 끈도 남겨 놓지 않았다." 추후 엥겔스가 칼라일에 대해 괴테 같은 독일 문학만 읽고 헤겔이나 포이어바흐 같은 독일 철학은 읽지 않은 것 같다고 말한 것으로 보건대, 자신의 사상을 발전시키는 데 지속적인 영향을 받았던 것 같지는 않다.

산업의 발전과 더불어 1800년부터 1840년까지 맨체스터의 인구는 세 배로 증가했다. 그렇지만 몰려드는 사람들에 비해 일자리가 턱없이 부족한 맨체스터는 가난한 노동자들과 아사 직전 상태인 빈자들로 가득했다. 생존하기 위해 고국을 떠나 잉글랜드로 온 아일랜드 이주민 100만 명은 각 지역에서 최하층 노동 계급을 형성하고 있었다. 이미 극도로 가난한 잉글랜드 노동자들과 일자리를 두고 경쟁을 해야 했으므로 임금은 점점 낮아질 수밖에 없었고 노동 조건 역시 계속 나빠졌다. 프랑스 역사학자 이폴리트 텐은 맨체스터를 가리켜 "날림으로 지은 거대한 병영이자 40만 명이 일하며 거주하는 빈민 수용소이며 중노동 형무소"라고 표현했다. 엥겔스가 《영국 노동계급의 상황》을 쓸 당시 인구의 15퍼센트에 달하는 5만 명 정도가 지하실에서 생활을 하고 있었다고 한다. 엥겔스가 찾아간 지하실 구석에는 병든 자들과 시체가 뒤엉켜 있었다. 그가 자주 사용했던 표현인 "형언할 수 없는 악취"가 어김없이 코를 찔렀다. 엥겔스는 사교 모임에 나가는 대신 노동자들이 모이는 곳을 찾아다녔고 직접 관찰한 바를 상세히 기록했다. 동료인 작가 게오르크 베르트와 주로 동행했고 아일랜드 출신 공장 직공인 애인 메리 번즈와 함께할 때도 많았다. 메리는 질병으로 사망할 때까지 엥겔스와 함께 지냈다. 엥겔스는 《영국 노동계급의 상황》 서문에 이렇게 적었다. "노동자들이여! (…) 나는 (…) 여러분을 여러분의 집에서 보고 싶었고, 여러분의 일상생활을 관찰하고 싶었고, 여러분의 상황과 비애에 관해 이야기를 나누고 싶었고, 여러분을 억압하

실천을 통해 이론을 완성하다

는 이들의 사회적 정치적 권력에 대항하는 여러분의 투쟁을 목격하고 싶었다. 나는 그렇게 했다. 나는 중간계급의 사교와 만찬, 포트 와인과 샴페인에 등을 돌리고서 평범한 '노동자들'과 교제하는 데 여가를 거의 전부 바쳤다. 그렇게 해서 나는 기쁘고 자랑스럽다."

엥겔스는 노동자들의 실태와 자신의 의견을 정리하여 마르크스가 편집권을 갖고 있던 〈라인 신문〉에 기고했다. 엥겔스와 마르크스가 처음 만난 것도 여기 〈라인 신문〉을 통해서였는데, 처음에 어색했던 관계는 엥겔스가 현장 경험이 담긴 여러 글들을 기고하고 마르크스가 그 활동에 감명을 받으며 서로 의견을 주고받는 과정에서 점차 호의적으로 바뀌었다. 《영국 노동계급의 상황》 출간 후 파리에서 재회한 둘의 관계는 부쩍 돈독해져 있었다. 1840년부터 영국에 근대적인 우편 서비스가 개시되었는데, 후불제 우편 요금이 우표를 미리 붙이는 선불제 방식으로 바뀌었고, 맨체스터에서 오전 9시에 편지를 부치면 런던에서는 오후 6시면 편지를 받아볼 수 있을 정도의 신속한 배달 시스템이 갖추어졌다. 이 시기에 엥겔스와 마르크스가 주고받은 수많은 편지들은 후대 학자들과 전기 작가들의 소중한 연구 자료다. 가족도 못 알아보는 마르크스의 악필 원고들을 해독해 낼 수 있는 유일한 사람은 엥겔스였다. 평소에 그의 악필 편지들을 수없이 읽어 보며 단련되었기 때문일 것이다.

생산 수단을 소유하지 못한 노동자 계급을 가리키는 용어인 '프롤레타리아트'의 어원은 가진 것이 자식뿐인 자들을 일컫는 라틴어 '프롤레스'prōlēs다. 프롤레타리아트의 형성은 산업 구조의 변화에 기인한 것이다. '인클로저'(울타리를 친다는 뜻) 운동은 농지가 대규모 목초지로 바뀌는 시대 변화를 가리키는 말인데, 이 여파로 생업을 잃게 된 수많은 농민들이 대도시로 흘러들면서 저임금 노동자가 되었다. 대도시의 하층민이 된 농민들은 프롤레타리아 계급이 되었다. 1800년을 전후하여 자본가의 착취에 저항하는 노동자들이 공장 기계를 부수는 사건들이 일어났다. 이를 '러다이트' 운동이라고 부르는데, 운동을 주도한 인물인 '네드 러드'의 이름을 딴 것이다. 1812년에 영국 의회는 기계를 파괴하는 자를 사형에 처할 수 있는 법률을 제정했다. 제2의 러다이트를 막기 위해서였다. 세상은 가난한 노동자들에게는 점점 살기 어렵게, 자본가들에게는 점점 유리한 쪽으로 바뀌고 있었다.

엥겔스가 《영국 노동계급의 상황》에서 비판하는 '신구빈법' 역시 부르주아 계급을 위한 법률이었다. 1600년대 초반 엘리자베스 1세 재위 때 만들어진 구빈법은 여러 문제점 때문에 추후 폐지되었으나, 빈자 구호의 책임 주체를 국가로 처음 설정했다는 점에서 의미가 있는 사회보장 제도였다. 신구빈법은 구빈법을 개선한 것처럼 보이는 명칭과는 달리 결과적으로 구빈법의 본래 취지보다는 자본가들에게 값싼 노동력을 제공하는 데 주로 기여했다. 신구빈법의 요지는 열심히 일하지 않아서 가난해진 것에 대해 국가가 책임을 지지 않는다는 것이었다. 가난은 국가의 책임이 아니며 개인의 노력 부족에서 기인한 것이 된다. 부르주아는 생존 경쟁에서 뒤처진 열등한 인간들이 도태되는 것은 자연의 섭리라고 외쳤다. 가난은 경쟁을 회피하는 나태함이나 타락과 동일시되었다. 빈손으로 태어나서 없이 사는 게 죄가 되는 세상이 온 것이다.

1840년대 영국에서는 1830년대에 시작된 차티스트 운동이 세력을 조금씩 넓히고 있었다. 인민 헌장(People's Charter)을 내세우며 투쟁했기에 붙여진 이름인 차티스트 운동은 보통선거권 확보가 핵심 강령이었다. 1832년에 개정된 선거법으로, 지주들이 독점하다시피 했던 관행을 깨고 자본가와 중산층에게도 투표권이 주어졌다. 그렇다 해도 성인 남자 일곱 명 중에 한 명이 참정권을 획득했을 뿐이고 노동자들은 여전히 정치 참여 영역에서 배제되어 있었다. 차티스트 운동은 여기서 비롯했다. 이와 더불어 노동자들이 선거에 출마할 수도 있게 하기 위해, 일정 재산이 있어야 선거에 출마할 수 있는 현행 규정을 철폐하자고 주장했다. 그렇지만 엥겔스가 평소에 자주 말했던 것처럼 국가는 자본가와 지주의 편이지 노동자들의 편은 결코 아니었다. 《공산당 선언》에 적은 "노동자들에게는 조국이 없다"라는 구절이나 "국가 권력은 부르주아 계급 전체의 공동 업무를 처리하는 위원회일 뿐이다"라고 적은 구절은 주장이나 구호가 아니라 그저 현실에 대한 사실적 기술이었다. 마르크스와 의기투합한 엥겔스는 인류 역사가 계급 투쟁의 과정이었다는 것과 물질적 기반이 그 계급을 가르는 핵심 요인이라는 점을 파악했고, 생산은 점점 사회화하는 것에 비해 소유는 점점 사유화하는 것이 시대의 근본 문제라고 진단했다.

    1848년 독일 바덴에서 일어난 민중 봉기는 공화제 수립을 위한 무장 투쟁이다. 그 혁명군 지도부 안에 엥겔스도 있었다. 이때 전투에 참여했던 경험은 엥겔스가 공산주의 혁명에 대해 더 당당하고 강력하게 주장을 펼칠 수 있게 된 큰 계기다. 좋은 의미에서든 안 좋은 의미에서든 엥겔스는 항상 명분을 중시하는 인물이었다. 늘 자신이 하는 일에 명분과 의미를 부여하고자 노력했다. 마르크스를 평생 후원했던 것에도 뚜렷한 명분이 있었다. 그것은 자신이 도저히 이르지 못하는 마르크스의 철학적 통찰력을 공산주의 진영의 값진 자산으로 키우기 위함이다. 마르크스 혼자 힘으로는 할 수 없는 일들이 있다면 자신이 나서서 해결하고 보완해 준다는 것이다. 엥겔스는 마르크스가 죽은 다음 미완결 초고인 《자본》을 완성했다. 마르크스 홀로는 도저히 할 수 없었고 엥겔스 홀로는 도저히 할 수 없었던 위대한 사상 체계가 둘의 협력과 조화로 탄생하고 있었다.

지방의 유력한 인사 아들이 공산주의 사상에 경도되었다는 소식은 그 지역의 뉴스거리가 되었다. 한 저명 인사는 친구에게 보낸 편지에서 "공산주의자들이 젊은 상인을 꼬드겨 의식화를 시켰다"며 엥겔스를 거론했다. 아버지가 자신이 공동 소유한 회사 '에르멘 앤드 엥겔스'의 맨체스터 공장에 엥겔스를 파견한 것도 나쁜 친구들을 만나서 아들이 망가지고 있다고 여겼기 때문이다. 그렇지만 공산주의 이론에서 아들을 떼어놓기 위해 맨체스터에 보낸 것이 오히려 현장에서 400명이 넘는 공장 직원들을 만나고 그들의 가난한 삶과 그들보다 더 비참한 환경에 처해 있는 수많은 이들에 관해 적나라하게 알게 되는 계기가 된 것이다. 대표적인 역사의 아이러니 중 하나일 것이다.

엥겔스는 마르크스 가족의 생계를 평생 책임졌다. 수입이 생기면 절반은 마르크스와 그 식구들에게 보내 주었다. 트리스트럼 헌트가 쓴 《엥겔스 평전》에 따르면, 엥겔스 어머니는 자기 아들이 친구 잘못 만나서 나쁜 길로 빠졌다고 평생 여겼다. 엥겔스 어머니의 입장에서 보면 충분히 그럴 만하다. 친구 마르크스를 위해 간도 쓸개도 모두 빼 주는 아들을 항상 지켜봐야 했기 때문이다. 의아한 점은 엥겔스가 평생을 마르크스를 위해 헌신했는데도 마르크스 어머니 역시 친구 잘못 만나서 아들이 험한 삶을 살게 되었다고 생각했다는 것이다. 사람은 언제나 자기 관점으로만 세상을 보기 마련인 듯하다.

엥겔스를 늘 괴롭혔던 이중성이 무엇이냐면, 자신이 받는 높은 급여가 자본가인 아버지 회사에서 나온다는 점과 그 돈이 맨체스터 프롤레타리아트의 노동력을 착취한 결과라는 사실이다. 이 돈으로 마르크스를 후원하고, 마르크스는 엥겔스와 함께 프롤레타리아 혁명을 위한 사상 체계를 구축했다. 인생사는 너무나 복잡하고 미묘해서 뭔가 가치 있는 일을 추구할 때도 온갖 모순된 상황에 맞닥뜨릴 수밖에 없다.

엥겔스 자신은 이런 모순적 상황이 그리 오래 갈 거라고 생각하진 않았던 것 같다. 그렇지만 이 이중 생활은 십구 년 동안이나 지속된다. 자의든 타의든 엥겔스가 산업 현장에 있었던 시간과 경험은 이론에만 몰두했던 마르크스가 도저히 얻을 수 없었던 현장 동향과 데이터를 확보함으로써 더 설득력 있는 공산주의 이론 체계를 완성시키는 데 크게 기여했다. 공산주의는 일반적인 소유를 부정하는 것이 아니라 부르주아적 사적 소유를 철폐하는 것을 주된 목표로 삼았다. 이와 더불어 토지와 운송 기반 시설 국유화, 상속권 폐지, 누진세 도입, 도시와 농촌 격차 해소, 아동 노동 폐지, 아동 무상 교육 등을 실현 목표로 내걸었다.

중세 독일의 우화 중에 마법사의 제자 이야기가 있다. 스승이 제자에게 물동이에 물을 가득 채워 놓으라는 지시를 하고 외출을 했다. 제자는 스승에게 어깨 너머로 배운 어설픈 마법을 사용하여 빗자루에게 자기 대신 물동이에 물을 채우는 마법을 걸었는데, 멈추는 법은 미처 알지 못해 물동이가 넘쳤고 온통 물바다가 되었다는 이야기다. 마르크스와 엥겔스는 이 우화를 모티프 삼아 《공산당 선언》에 이렇게 적었다. "부르주아적 생산 관계와 교류 관계, 부르주아적 소유 관계, 그리고 그렇게 강력한 생산 수단과 교류 수단을 마법으로 불러냈던 현대의 부르주아 사회는 주문을 외워 불러냈던 지하 세계의 위력을 더 이상 지배할 수 없게 된 마법사와 비슷하다." 부르주아지가 자본주의라는 세계의 문을 활짝 열어젖혔는데, 멈추는 법은 아무도 배우지 못했기에 그 누구도 어찌할 수 없는 파국 속에 우리가 살아가고 있다는 것이다. 1871년 세 달도 안 되는 기간 동안 짧은 불꽃처럼 존속했던 인류 최초의 노동자 정부 파리 코뮌, 그리고 실패한 실험으로 막을 내린 소비에트… 엥겔스와 마르크스가 필연적 진실이라고 믿었던 세상은 끝내 실현되지 않았다.

  그렇지만 인간이 홀로 살아갈 수 없는 유적 존재라는 점, 따라서 우리가 이룩하고 누리는 것들은 공동체 구성원의 협업 없이는 존재할 수 없다는 점, 사회의 부가 특정 소수에 집중되거나 양극화가 심화되어선 곤란하다는 점, 선천적으로 불평등한 조건이 완화되어 누구나 더 공정하게 경쟁할 수 있는 사회가 되어야 한다는 점, 무엇보다 우리가 물질적 조건 때문에 인간성을 상실해선 안 된다는 점, 이런 것들에 동의하는 이들은 여전히 많다. 그것이 세상을 살아가는 데 필요한 보편 조건이기 때문일 것이다. 다수가 바라지만 실현되기는 어려운 그 진실 말이다.

5
모호한 표현을 배제하다
조지 오웰

리처드 토이가 지은 《수사학》은 청중을 설득하는 기술인 수사학의 오랜 전통을 고대부터 현대에 이르기까지 살펴본 저술이다. 저자는 현대 수사학의 목적과 의의가 한마디로 정치 참여에 있다고 규정했다. 민주주의가 완전히 정착된 시대의 수사학은 어떤 사안에 대해 적극적으로 자기 의견을 표출하는 정치 행위이며, 그것이 민주주의 발전의 토대가 된다고 주장한다. 이 책에 예시로 거론되는 조지 오웰(1903~1950)은 모든 글쓰기 행위를 정치 참여라고 규정했고, 올바른 언어 표현이 올바른 정치 참여의 출발점이라고 굳게 믿었던 작가다. 지면이 허락할 때마다 자신은 민주적 사회주의를 지향하며 파시즘에 맞서 싸우기 위해 글을 쓴다고 정치적 입장을 뚜렷이 밝혀 왔다.

물론 문학에는 조지 오웰 같은 작가 말고도 다양한 작가들이 필요하다. 정치 상황이 아무리 격변한다 해도 정치와 무관한 문학 세계를 새로 열어 가는 작가들이 필요한데, 현실과 전혀 다른 세계에 관해 쓰는 제임스 조이스 같은 작가가 그러할 것이다. 내전과 세계대전으로 얼룩지고 파시즘이 휘몰아쳤던 광기 어린 시대라 해도 모든 문학이 정치성을 띨 이유는 없고, 또 그래서도 안 될 것이다. 1946년에 발표한 《나는 왜 쓰는가》에서 조지 오웰이 제시한 정치적 글쓰기의 주요 목표는, 있는 그대로의 진실을 후대에 전달하는 '역사적 충동'과 바람직한 사회상을 제시하여 독자를 이끌어 가는 '정치적 설득'이다.

조지 오웰의 에세이 〈정치와 영어〉는 소설 《1984》의 모태가 된 작품이다. 〈정치와 영어〉에서 지적하는 어휘 부족, 말 짜깁기, 개념 오남용 등의 문제의식이 《1984》에서 구체적인 모습으로 표현되었다. 그는 〈정치와 영어〉에서 계급, 진보, 평등, 민주, 자유, 정의처럼 정치적으로 오남용되기 쉬운 개념들을 쭉 열거했는데, 그중 가장 먼저 언급한 개념이 파시즘이다. 파시즘은 조지 오웰이 끈질기게 파헤치고 깨부수려 했던 그 시대의 처절한 현실이었다. 파시즘을 한마디로 정의하는 것은 정치 철학 연구자들에게도 매우 어려운 일이다. 조지 오웰이 바라본 파시즘은 극단적인 민족주의에 기반을 둔 전체주의 정치 이념으로서, 국익이라는 명분 아래 개인의 자유를 희생하고 역사를 왜곡하며 획일화된 선전 정책으로 언론과 표현의 자유를 제한한다. 대중은 민족적 우월성으로 고양되며, 카리스마 넘치는 지도자가 제시하는 미래의 전망에 도취되어 모든 것을 내맡긴다. 파시즘 체제 아래에서 자유로운 표현과 사고는 쇠퇴하며 서서히 죽어간다. 민주주의와 민주적 사회주의의 이념 역시 소멸한다. 자유로운 사고가 억압되면 문학의 소멸은 불을 보듯 뻔한 것이다. 히틀러 집권기의 문학과 문화 활동이 어떠했는지 살펴보면 알 수 있다. 인류 화합과 평화의 제전인 올림픽(베를린 올림픽)도 체제 선전 수단으로 동원되어 버렸다.

집권 세력은 과거와 미래를 통제할 수 있는 권력을 지닌다. 《1984》에 나오는 당의 슬로건인 "과거를 지배하는 자는 미래를 지배한다. 현재를 지배하는 자는 과거를 지배한다"가 자연스럽게 떠오르는데, 파시스트 정권은 현재 권력을 휘둘러서 과거를 조작하고, 조작된 사실과 역사를 기반으로 미래까지 통제하려고 한다.

《1984》를 보자. 일당 독재가 이루어지는 그 사회에는 문학이라고 할 것이 따로 없다. 당에서 발간하는 신어 사전에 수록된 어휘로만 공적인 언어 생활이 가능하다. 셰익스피어 드라마의 표현들 같은 것은 당연히 폐기되었고, 미묘하게 다른 뉘앙스를 풍기던 섬세한 표현들은 단순한 것들로 통폐합되었다. excellent(탁월한), splendid(훌륭한), fabulous(마음에 쏙 드는) 등 좋음의 여러 스펙트럼을 표현하던 다양한 표현들은 좋음의 등급에 따라 good(좋은)/plus good(더 좋은)/double plus good(더 더 좋은) 셋 중 하나로 대체되었다. 인간 감정을 표현하는 데에는 좋음의 상중하, 나쁨의 상중하, 이렇게 여섯 개 단어만 있으면 된다. '자유'(freedom/liberty)라는 단어는 사전에서 사라졌다. 사전에 없으니 사용하는 일도 없어졌으며, free라는 단어에서 정치적 자유와 관련한 의미 규정은 모두 사라지고 '없다'는 뜻만 남았다. 이 단어는 'This field is free from weeds'(이 밭에는 잡초가 없다) 같은 문장에만 사용될 수 있을 뿐, 'politically free'(정치적으로 자유로운) 같은 표현은 더 이상 가능하지 않다. 정치적 자유니 사상의 자유니 하는 것은 주민들 사이에서 아예 개념조차 존재하지 않는다. '사상의 자유를 보장하라' 같은 문구도 작성될 일이 없다. 《1984》에는 이런 구절이 있다. "모든 것이 안개 속처럼 희미했다. 과거는 지워졌고, 지워졌다는 사실마저 잊혀서 허위가 진실이 되어 버렸다."

《1984》에 나온 예는 아니지만 현대 자본주의 국가들에서는 '성장'이라는 어휘를 유독 강조하다 보니 경제 후퇴 상황까지 '마이너스 성장'이라고 표현하는 사례가 흔하다. 자주 사용되는 몇 가지 용어들을 가지고서 사고 활동을 하게 되는 것이다. 조지 오웰에 따르면, 정치적인 글이 대부분 명료하지 않은 주된 이유는 진짜 목적과 표면상의 목적이 다르기 때문이다. 진실하다면 모호하게 쓸 이유가 없는데, 진실을 감추려는 의도가 있으니 표현이 모호해지기 십상이다. 파시즘의 특징 중 하나는 자기 진영의 악행에 귀를 닫아 버리고 묵인하는 것이다. 또한 아예 악행을 저지른 사실조차 없었다고 우기는 뻔뻔한 능력까지 발휘한다. 우기는 수준을 뛰어넘어 아예 그런 일이 없었다고 굳게 믿어 버리는 놀라운 경지에 이르면 파시즘은 정점에 달한다.

과거사를 부인하는 현대 일본의 행태도 여기에 해당할 것이다. 예컨대 군함도(군함을 닮아 붙여진 하시마 섬의 별명)를 유네스코 세계유산에 등재시키는 과정에서 많은 역사 왜곡이 행해졌다. 조선인 강제 징용 사실이 누락된 채 세계유산에 이름을 올렸다. 정치학자 더글러스 러미스는, '평화 헌법'이라고 불리는 일본국 헌법 제9조를 두고 전쟁 가능성을 도출하는 헌법 해석이 얼마든지 가능하다고 주장하는 일부 우익 정치인의 모습을 보며, 조지 오웰이 《1984》에서 표현한 '이중사고'의 실제 사례라며 비판했다. 일본국 헌법 제9조를 살펴보자.

① 일본 국민은 정의와 질서를 기조로 하는 국제 평화를 성실히 바라고 추구하며, 국제 분쟁을 해결하는 수단으로써 국권이 발동되는 전쟁과 무력에 의한 위협 또는 무력 행사를 영구히 포기한다.
② 전항의 목적을 달성하기 위하여 육·해·공군, 그 밖의 전력을 보유하지 않는다. 국가 교전권은 인정하지 않는다.

그 어디에도 전쟁이 가능하다고 해석될 여지는 없어 보이는

데, "국가 교전권은 인정하지 않는다"라는 조항을 보며 '그러면 국가 자위권은 가능하다'고 해석하는 정치인들이 있다. 착각은 자유라고 했던가, 그렇게 왜곡된 해석을 이어 나가다 보면 국가 자위를 위한 불가피한 무기도 필요하고 국가 자위를 위한 불가피한 전쟁도 얼마든지 가능하다는 해석에까지 이를 것이다. 버젓이 정반대 내용이 적혀 있는 문서도 얼마든지 자의적으로 해석하면서, 자신이 왜곡한 해석이 진실이라고 믿을 수 있는 능력이 있다면 어떨까. 《1984》의 일부 유능한 당원들은 꾸준한 훈련으로 그런 업무 능력을 키웠으니, 그것이 바로 '이중사고'다.

빅브라더로 상징되는 감시 체계 속에서 모든 활동은 당의 이익에 부합해야 한다. 역사 왜곡의 다른 이름인 '역사 만들기' 작업과 유사하게 당은 당의 이익에 사실을 꿰맞춘다. 사실 왜곡 작업에 투입된 당원들은 작업을 완료하고서, 다음 단계로 자신들이 정보를 왜곡했다는 점을 망각한다. 당원들은 평소에 꾸준한 반복 훈련으로 이 기술을 습득했다. 조작 사실을 기억에서 말끔하게 지워 버렸으므로 이제 그들은 갱신된 정보가 사실이라는 점을 전혀 의심치 않는다. 왜곡된 역사 교과서로 배운 어린이들은 그것이 과거에 실제로 일어난 사실이라고 믿는다. 그렇게 일단 인식이 자리잡히면 나중에 누가 진실을 말해 준다고 해도 쉽사리 그 인식을 바꾸려 하지 않는다. 플라톤의 동굴 비유가 상징하는 바가 이것 아닌가. 온몸이 묶인 채 평생 동굴의 한쪽 벽에 비친 그림자만 보며 살아온 사람들은 그것이 진짜인 줄만 안다. 우연히 몸이 풀려서 반대쪽으로 몸을 돌릴 수 있는데도 대부분 사람들은 익숙한 것이 좋아서 그대로 있기를 원한다. 익숙해진 습관을 바꾸는 건 너무나 어렵고 힘든 일이다. 하물며 공동체의 누적된 공동 습관인 관습이라면 말할 것도 없다.

조지 오웰은 에스파냐 내전에 참전했을 때의 기억을 떠올리며 "사람한테서 풍기는 지독한 냄새"를 먼저 거론했다. 생존이 목적인 전장에서는 씻는 것 자체가 사치다. 병사들은 나가서 총알받이가 되느니 근처에 용변을 보는 쪽을 택하기 마련이다. 비라도 오면 그 모든 오물과 물건들이 참호 안에 뒤섞인다. 병사들은 똥범벅인 축축한 군화를 벗지도 못하고 며칠이고 견뎌야 한다. 냄새는 우리 기억과 삶에 깊이 각인된다. 냄새만큼 정직하고 진실한 것이 있을까. 마르셀 프루스트를 과거 어느 시절로 순간 이동을 시켜 준 《잃어버린 시간을 찾아서》의 고소한 '마들렌' 냄새 같은 것도 있는 반면에, 지하실에서 살아가는 맨체스터 극빈층의 실태를 관찰했던 엥겔스가 《영국 노동계급의 상황》에 적은 "형언하기 어려운 악취"도 있는 것이다.

영국 작가인 조지 오웰은 왜 다른 나라 내전에 목숨을 걸고 참전한 것일까? 조지 오웰은 파시즘이 인류의 진보와 개선을 가로막는 가장 거대한 위협이라고 여겼고, 그것은 국적을 초월하는 위기의식이었다. 조지 오웰이 썼던 글들을 보면 '영국인'에 대해 서술한 대목들이 많아서 그가 자신의 상황을 객관화하려는 노력을 많이 했음을 알 수 있다. 미국 작가 존 스타인벡이 《아메리카와 아메리카인》 같은 에세이에서 '미국인은'이라고 자주 쓰거나, 일본 작가 오에 겐자부로가 에세이에서 '일본인은'이라는 구절을 습관적으로 썼던 것과 일맥상통한다. 이런 의식은 버마 식민지 경찰직으로 사회생활을 시작했던 경험에서 비롯되었을 것이다. 자신이 제국주의의 앞잡이 노릇을 하고 있다는 인식에 이르는 데는 긴 시간이 필요치 않았다. 자신도 영국인이었지만 영국의 정치 권력과 패권주의는 너무나 혐오스러웠기 때문이다.

《우주 전쟁》,《타임 머신》,《투명 인간》 등을 지은 작가인 허버트 웰스는 미치광이 전쟁광인 히틀러를 과소평가했는데, 조지 오웰이 보기에는 영국인으로서 우월감이 웰스에게 크게 작용했기 때문이다. 그는 공상 과학에 너무 심취하여 현실의 역사 감각이 완전히 결여된 것처럼 보였다. 차라리 히틀러를 성령의 재림으로 굳게 믿고 따르는 이들이 이 엉터리 지식인보다 히틀러라는 실체에 더 근접한 것처럼 보인다. 조지 오웰은 저널리스트로서의 정체성도 뚜렷이 자각했다.

《실낙원》을 지은 시인 존 밀턴은 사상의 자유를 역설하는 글도 많이 썼는데 그 대표적인 저술이 언론의 자유를 옹호하는 팸플릿인 《아레오파기티카》다. 고대 그리스 아테나이의 법정을 가리키는 말인 '아레오파고스'에서 제목을 따온 이 저술은 잉글랜드 의회 연설문으로 작성된 것이며, 당시의 불합리한 출판 검열제를 폐지하자는 주장과 근거들이 실려 있다. 밀턴은 《아레오파기티카》에 이렇게 썼다. "우리가 희구하는 자유는 국가 안에서 아무런 불평을 제기하지 않는 그런 자유가 아닙니다. 불평이 자유롭게 청취되고 숙고되어 신속히 개혁될 때, 비로소 현인들이 추구한 최고 수준의 시민적 자유가 달성되는 것입니다." "선택을 해야 한다면 악행을 금지하는 것보다는 미미할지라도 선행을 하도록 만드는 게 몇 곱절 더 중요하다고 생각합니다." "진리와 거짓으로 하여금 서로 맞붙어 싸우게 하십시오." 전 영역에 걸친 지식을 스무 명 정도 되는 검열관들이 판단한다는 것은 어불성설이다. 밀턴은 작가들이 오랜 세월에 걸친 노고로 완성한 작품들을 소수의 검열관들이 슥 훑어보는 것으로 운명을 결정짓는 것이 얼마나 부당한 일인지 역설했다.

조지 오웰은 1944년에 열린 《아레오파기티카》 출간 삼백 주년 기념식에 참관했다. 경악스럽게도 그 기념식에 초청된 발표자들은 정부의 언론 검열이 꼭 필요하다는 점을 입을 모아 역설했다. 밀턴을 기념하는 자리에서 밀턴의 의도와 정반대의 풍경이 펼쳐지는 이 말도 안 되는 엄청난 괴리감과 모순에 오웰은 충격을 받았다. 우리 정신을 풍요롭게 만드는 것은 문학과 사상의 다양성이다. 시대의 규범에 맞지 않거나 용납될 수 없는 것들도 자유롭게 상상하고 풍자하며 표현하는 것이 작가의 일이다. 조너선 스위프트 같은 작가들이 그런 글을 썼다. 셰익스피어를 보고 훌륭한 인간이라고 칭송하는 이는 없지만, 그의 작품들의 불멸성은 누구든 인정한다. 물론 톨스토이처럼 셰익스피어의 작품들을 신랄하게 비판한 사람들도 있긴 하지만 말이다.

일당 독재의 전체주의 체제를 묘사하는 《1984》에는 표현의 다양성을 막으려는 당의 정책들이 나오는데, 다양한 표현을 주민들이 사용하면 사고 활동도 다양해져서 당의 정책에 이견을 낼 우려가 있다는 이유 때문이다. 그 대표적인 규제 항목이 셰익스피어 같은 고전 읽기다. 주인공 윈스턴은 가끔 셰익스피어를 읽는 꿈을 꾼다.

조지 오웰은 1943년에 영국 BBC 방송국의 라디오 프로그램 프로듀서로 일한 적이 있다. 그가 기획한 라디오 방송 중 하나는 시인과 작가들을 스튜디오에 초대하여 자기 작품을 낭독하게 하는 것이었다. T. S. 엘리엇, 허버트 리드, W. H. 오든, 스티븐 스펜더, 딜런 토머스, D. H. 로렌스 같은 저명한 시인과 작가들이 마이크 앞에서 자기 작품의 구절을 낭독했는데, 그 중심은 '시'라는 장르였다. 프로그램 기획자인 조지 오웰은 왜 시를 선택했을까. 그것은 아마도 세상에서 가장 쓸모없는 예술이 시였기 때문일 것이다. 자기와 같은 산문 작가들은 정치적 발언이라도 하며 세상에 참여하지만, 시인들은 자기 세계에 빠져 실용적으로 아무 가치가 없는 표현들을 내뱉기만 한다. 그렇지만 시 같은 예술은 쓸모가 없기에 쓸모가 있다. 호메로스, 단테, 셰익스피어, 괴테 같은 시인들이 세상에 실용적으로 기여하려고 작품을 썼던 것이 아니다. 그렇지만 시인들이 새로운 언어 표현들을 창조해 내지 않는다면 문학의 발전도 없고 우리의 언어생활 수준도 높아질 수 없을 것이다.

국가의 후원 아래 국가의 의도대로 글을 써주는 사람들을 마르크스주의 학자 안토니오 그람시는 '유기적 지식인'이라고 불렀다. 국가 통제 시대에 작가는 무엇을 해야 하는가. 유기적 지식인이 되거나, 침묵 속으로 도피하거나, 적극적으로 맞서 싸우거나 셋 중 하나다. 완곡 어법과 논점 회피는 유기적 지식인들이 자주 사용하는 수사적 기법이다. 정부가 마을을 폭격하고 기관총을 난사하며 오두막들을 불태우는 일을 '평정'이라고 표현하고, 농지 강탈 후 도시로 쫓아내는 일을 '인구 이동'이라고 표현한다. 과학 교과서의 왜곡은 큰 잘못으로 여기지만 역사 교과서의 왜곡은 대수롭지 않게 여기는 풍조가 만연하다. 과학을 중시하는 건 군사 분야와 직결되기 때문이기에, 과학 자체를 존중하는 것은 아니고 '군사 기술'만 중시하는 것이다.

조지 오웰이 1936년에 쓴 에세이에 중고 서점 점원으로 일했던 경험이 실려 있는데, 서점 일을 다시 하고 싶지 않은 이유가 나온다. 책을 많이 팔기 위해서 책에 대해 거짓말을 하다 보면 책이 싫어진다는 것이다. 그는 그것이 선의든 아니든 모든 종류의 거짓말을 하지 않으려고 조심하고 노력했던 사람이다. 에둘러서 모호하게 표현하는 것은 거짓말이라고 할 수 없어도 그 의도는 거짓말과 매우 비슷하다. 파시스트들이 일삼는 모호한 표현들이 그러하다. 앎과 삶과 글의 일관성을 삶의 모토로 삼았던 조지 오웰에게 논쟁 자체가 불가능한 모순 덩어리인 파시즘이 세상에 초래하는 폐해는 작가로서 견디기 힘든 환멸을 가져다주었을 것이다. "인간은 때에 따라서 의식적으로 증오의 대상을 바꿀 수 있다"라는 《1984》의 구절은 언제든 표출될 수 있는 우리 안에 잠재한 파시즘적 성향을 경고하는 문구 같다.

앙투안 드 생텍쥐페리의 《어린 왕자》에는 어린 왕자가 술꾼에게 왜 술을 먹냐고 묻는 대목이 나온다. 술꾼은 부끄러움을 잊으려고 술을 먹는다고 대답한다. 뭐가 부끄럽냐고 어린 왕자가 다시 묻자 술꾼은 술 먹는 게 부끄럽다고 대답한다. 조지 오웰의 에세이 〈정치와 영어〉에도 똑같은 이야기가 나온다. 술을 퍼마시다가 아침에 일어나지 못해 일자리를 구하지 못하고, 그래서 낙담하며 다시 술을 마시고 그다음 날에 같은 일을 반복하는 실패자의 사례는, 생각이 어리석어져서 어리석은 말을 하게 되고 어리석은 말을 쓰다 보니 생각이 어리석어지는 과정을 빗대어 표현한 것이다. 이 악순환을 끊는 방법은 말뜻에 맞게 표현을 신중하게 골라 쓰는 일이다. "사고가 언어를 타락시킨다면, 언어 역시 사고를 타락시킬 수 있다. (…) 무엇보다 뜻이 단어를 선택하게끔 해야지, 단어가 뜻을 선택하게 내버려 두어선 안 된다." 그는 이 악순환을 얼마든지 선순환으로 되돌릴 수 있음을 주장한다.

뜻만 올바르다면 문법, 구문 등이 틀리는 것은 큰 문제가 아니다. 정작 문제인 것은 정확한 문법과 잘 짜인 형식으로 왜곡된 사실을 담는 표현들이다. 그런 일을 제일 잘 했던 인물이 나치의 선전 장관 괴벨스다. 조지 오웰은 개인의 자유를 말살하는 전체주의 사고를 인간 타락의 가장 큰 요인으로 생각했다. 그는 우리 사고가 획일화되고 어리석어지지 않기 위한 여러 씨앗들을 뿌렸다. "씨앗 한 알을 심으면 자랄 수도 있고 자라지 않을 수도 있다. 그렇지만 순무 씨앗을 심으면 절대로 당근이 자라날 순 없다."

평범한 대다수 사람들이 바라고 꿈꾸는 생활이란 소박하기 그지없다. 하루 한 번 씻을 수 있는 환경, 적당히 자주 세탁된 이불, 비가 새지 않는 지붕, 매일매일 몰아치는 실업과 해고의 공포에서 벗어나는 일 등. 조지 오웰은 '우리가 다함께 이십 년 정도 마음을 쓴다면 이 정도는 모두 누릴 수 있는 세상을 만들 수 있지 않겠나' 하고 바랐다. 온갖 거짓된 것들을 계속 피하고 혐오하며 맞서다 보면 진실한 삶과 진실한 세상이 되지 않겠는가, 조지 오웰은 그런 신념으로 하루하루 노력했다. 일 년 이내에 그런 세상이 오리라는 기대는 하지 않았지만, 일백 년 이내에는 이루어지면 좋겠다고 소망했다. 뒤에 살펴볼 헤밍웨이와 스타인벡은 조지 오웰이 추구한 저널리즘 전통을 공유하는 작가들이다. 조지 오웰은 시간이 한참 지났는데도 에스파냐 내전 당시 부상 병동에서 만난 한 민병대원이 쓸쓸히 부르던 노래 한 대목을 기억하고 있었다. "우나 레솔루시온 루차르 아스타 엘 핀!"(한번 한 결심, 끝까지 싸우세!). 그가 끝까지 싸운 대상은 자유를 억압하는 전체주의 체제였다. 우리를 억압하거나 우리 안에서 자라고 있는 파시즘을 몰아내는 것이 자유로운 인간 정신을 지키는 데 가장 중요하다. 조지 오웰은 그 점을 독자에게 알리고 싶었던 것이다. 조지 오웰의 한결같은 작가 정신은 지식인으로서의 열린 태도와 인간적인 겸손함을 보여 준다. 물론 배운 대로 다 되는 건 아니지만 글쓰기의 목적과 방향성을 잃어 버릴 것 같을 때 조지 오웰을 읽으며 다시 용기를 얻는다.

6
사실과 허구를 화해시키다
헤밍웨이와 스타인벡

영화 〈미드나잇 인 파리〉에서 과거의 파리로 시간 여행을 떠난 소설가는 평소에 자신의 우상이었던 어니스트 헤밍웨이(1899~1961)를 만나게 된다. 어떤 주제로 소설을 쓰느냐는 헤밍웨이의 물음에 소설가는 주저하며 마음에 안 드실 그런 이야기일 거라고 대충 얼버무린다. 이때 헤밍웨이는 꾸짖으며 확신에 찬 목소리로 이렇게 말한다. "진실한 이야기를 전달한다면 나쁜 주제는 없소." 나는 영화의 이 대목을 무척 좋아한다. 이 대사는 극본을 쓴 우디 앨런 감독의 말투로 각색된 것이기는 하지만 평소에 헤밍웨이가 자주 강조하던 예술관을 집약하여 보여 주고 있기 때문이다. 진실한 한 문장을 토대로 그다음 문장을 차곡차곡 쌓아올리라는 조언은 글쓰기의 좌우명으로 삼기에 훌륭하다.

헤밍웨이는 삶의 진실을 표현하고자 하는 문학적 열망이 너무나 강하여 경제적 궁핍이라든지 여러 물질적 조건들을 별로 개의치 않았다. 빵 사먹을 돈이 없는 날에는 뤽상부르 공원에 가서 글감을 구상했다. 거기서는 음식 냄새가 전혀 풍기지 않기 때문에 허기도 덜 느낄 수 있었다. 그의 작품《노인과 바다》의 산티아고처럼, 뜻대로 풀리지 않는 인생살이 속에서도 늘 그렇듯 자기 앞에 놓인 일을 기어이 완수해 내려고 하는 이의 모습이다. 산티아고가 불굴의 의지로 낚아 올린 거대한 청새치는 상어떼에게 모두 뜯겨 버리고 앙상한 뼈만 남는다.

헤밍웨이가 지은《파리는 날마다 축제》의 원제는 '움직이는 축제'(A Moveable Feast)인데, 시기가 정해져 있지 않아 언제 어디서든 자유롭게 열리는 이동식 축제라는 뜻이다. 노벨문학상 수상 작가들이라고 해서 항상 슥슥 글을 쓰는 건 아니다. 그 반대 경우가 훨씬 많다. 이 책에 이런 구절이 있다. "새로 시작한 글이 전혀 진척되지 않을 때도 있었다. 그럴 때면 벽난로 옆에 앉아 불꽃을 물끄러미 바라보곤 했다. 그렇지 않으면 창가에서 파리의 지붕들을 내려다보며 속으로 말했다. '걱정하지 마, 넌 전에도 늘 잘 썼으니, 이번에도 잘 쓸 수 있을 거야. 네가 할 일은 진실한 문장을 딱 한 줄만 쓰는 거야. 네가 알고 있는 가장 진실한 문장 한 줄을 써 봐.'" 그렇게 헤밍웨이는 한 줄의 진실한 문장을 찾고자 노력했고, 그 한 문장이 떠오르면 계속 글을 써 나갈 수 있었다. 그는 경험을 통해 알고 있는 주제에 대해서만 글을 쓰기로 작정했고 그것은 엄격하고 유용한 그만의 글쓰기 원칙이 되었다. 자신이 아는 가장 진실한 이야기를 첫 문장에 쓴다면 그 진실한 문장은 그 글을 떠받치는 단단한 공리가 되는 것이다.

헤밍웨이는 미국 미주리 주의 지역 신문사에서 기자로 사회생활을 시작했다. 1차 세계대전 중에 이탈리아 전선에 자원 입대한 후 부상을 입고 돌아왔다. 귀국한 다음에는 캐나다로 건너가 토론토 지역 신문인 〈토론토 스타〉에서 다시 기자 생활을 이어 나갔으며 파리 특파원 생활을 하기도 했다. 여러 번에 걸친 종군 기자 생활을 하며 사선을 넘나들었는데, 그렇게 누적된 기자 헤밍웨이의 보도 정신은 소설가 헤밍웨이에게 큰 자산이 되었다. 헤밍웨이는 자신의 글쓰기 방식을, 구구절절 설명하지 않고 빙산의 일각을 보여 줌으로써 독자에게 나머지 판단을 맡기는 것이라고 설명한 바 있다. 사실을 냉정하게 표현하고 때로는 무심하게 묘사하는 헤밍웨이의 단문 스타일을 '하드보일드'라고 부르기도 한다. 《누구를 위하여 종은 울리나》의 제목은, 외딴 섬도 결국 대륙의 한 조각이라는 점, 그리고 개인의 모든 죽음들은 인류라는 거대한 관점에서 커다란 손실이라는 것을 표현한 존 던의 시 작품 제목을 그대로 따온 것이다. 인간은 본질적으로 함께 살아가야 하는 '유적 존재'라는 마르크스-엥겔스의 기본 전제도 그러하고, 존 스타인벡(1902~1968)의 《분노의 포도》

에 나오는 "어쩌면 모든 사람이 하나의 커다란 영혼을 갖고 있어서 모두가 그 영혼의 일부인지도 몰라"라는 구절도 같은 문제의식을 공유하고 있다.

사실적인 묘사로 유명했던 작가 에밀 졸라는 르포가 아닌 소설을 쓰는 이유가, 있는 그대로 쓰는 것보다 진실 전달에 유리하기 때문이라고 말한 적이 있다. 물론 있는 그대로 보여 주는 것이 진실을 전달하기에 좋을 때도 있을 것이다. 헤밍웨이의 주된 관심은 재미있는 소설을 쓰는 것이 아니라 글이라는 수단으로 삶과 세상을 진실되게 보여 주는 것이었다. 그는 특정 장르나 형식에 집착하지 않고, 진실을 보여 주는 데 픽션이 도움이 되면 픽션을 썼고 논픽션이 도움이 되면 논픽션을 썼다. 그것이 '기자 소설가' 또는 '소설가 기자'인 그의 정체성이었다. '기사 같은 문학', '문학 같은 기사' 등의 수식어가 잘 어울리는 작가 스타인벡도 그러했다. 거칠고 딱딱한 헤밍웨이 스타일과 간결하되 건조한 스타인벡의 스타일은 사태의 진실을 파헤치려는 '저널리즘'이라는 관점에서는 일맥상통한다.

스타인벡은 〈샌프란시스코 뉴스〉 객원 기자로 캘리포니아 농장 지대의 노동 현장을 취재한 다음, 1936년 10월 5일부터 12일까지(일요일 하루 쉬고) 일곱 번에 걸쳐 매일 기사를 발표했다. 이 기획 기사의 제목은 '추수하는 집시들'이다. '추수'와 '집시'를 나란히 배치한 역설적인 제목이 암시하듯 이 작품은 일자리를 찾아 이곳저곳 떠돌다가 캘리포니아로 오게 된 이주 노동자들의 이야기다. 떠돌이 집시들의 임무는 농경과 정착 생활을 상징하는 활동인 추수다. 너무 사실적이어서 별로 재미가 없었던지, 신문 구독자들의 호응도는 그의 기대에도 신문사의 기대에도 미치지 못했다.

작가 스타인벡의 이름을 세상에 널리 알린 것은 삼 년 뒤인 1939년에 발표한 소설 《분노의 포도》였다. 제목은 '포도송이처럼 영글어 가는 분노'라는 뜻이다. 이 작품은 소재와 기본 구조를 '추수하는 집시들'에서 그대로 가져왔다. 《분노의 포도》 첫쪽에는 "집필 의지를 북돋워 준 아내 캐롤과 작품처럼 살아낸 톰에게"라는 헌사가 적혀 있다. 작가가 언급한 톰 콜린스는 '추수하는 집시들' 취재부터 《분노의 포도》 집필까지 작가를 계속 도와주었던 인물로서 《분노의 포도》에 등장하는 천막촌 관리자 짐 롤리의 실제 모델이다. 나중에 단행본으로 묶여 출간된 《추수하는 집시들》에는 '《분노의 포도》로 향하는 여정'이라는 부제가 달렸다. 《추수하는 집시들》은 실제 이야기고, 《분노의 포도》는 꾸며 낸 이야기다. 어느 것이 이주 노동자들의 삶을 더 진실되게 전했을까? 작가의 구상으로 각색된 소설 속 진실한 이야기에 훨씬 더 많은 사람들이 공감했다. 스타인벡은 1925년에 근무하던 〈뉴욕 아메리칸〉에서 해고를 당한 적이 있는데, 그 이유가 '기사가 아니라 소설을 써서'였다. 《분노의 포도》 덕분에,

소설처럼 기사를 썼던 날들의 보상을 마침내 받은 셈이다.

스타인벡이 쓴 《분노의 포도》에는 마르크스와 엥겔스가 쓴 《공산당 선언》을 연상시키는 구절들이 있다. 일자리를 찾아 멀고 험한 길을 지나 캘리포니아 농장까지 흘러들어 온 이주 노동자들은, 하루 벌어 하루 먹기도 어려운 상황에서 매일매일 굶주림에 시달린다. 지주들은 농산물 가격을 적정선에서 유지하려고 멀쩡한 과일과 곡물을 폐기하곤 한다. 노동자들의 눈앞에는 자신들이 수확한 오렌지가 산더미처럼 쌓여 있다. 과일을 먹고 싶지만 자기 것이 아니니 눈만 껌뻑거릴 뿐이다. 울금색 산더미에 휘발유가 뿌려진다. 활활 타오르는 붉은 불길이 노동자들의 눈동자에 비칠 것이다. 《분노의 포도》 제25장에 묘사된 장면이다. 스타인벡은 마치 선언이라도 하듯 이렇게 서술했다. "굶주린 사람들의 눈 속에 점점 커져 가는 분노가 있다. 분노의 포도가 사람들의 영혼을 가득 채우며 점점 익어 간다. 수확기를 향해 점점 익어 간다." 점점 무르익은 그 분노는 언젠가 반드시 표출될 것이다. 이 대목은 "만국의 프롤레타리아여, 단결하라"라는 외침으로 종결되는 《공산당 선언》을 연상시킨다.

"오랜 시간 계속된 학대와 착취가 변함 없이 동일한 목적을 추구하고 인민을 절대 전제 정치 밑에 예속시키려는 계획을 분명히 했을 때에는, 이러한 정부를 타도하고 미래의 안전을 위해서 새로운 보호자를 마련하는 것이 그들의 권리이자 의무이다."

얼핏 《공산당 선언》과 비슷한 분위기를 풍기는 이 구절은 미국 독립선언서의 일부다. 《분노의 포도》는 1776년의 독립선언으로부터 일백오십 년이 지난 미국의 모습을 표현하고 있다. "요즘은 소작인들이 그냥 정신없이 사라지고 있수. 트랙터 한 대면 열 가구가 쫓겨나"라며 소작농이 탄식하는 대목이다. 이들은 그 땅에서 쫓겨나 도시 어딘가에서 저임금 노동자가 될 것이다. 산업 구조의 거대한 변화가 일어나기 시작했던 1500년대에 소규모 농업이 대규모 목축업으로 전환되는 과정에서 일자리를 잃고 쫓겨나는 농민들의 모습을, 토머스 모어는 《유토피아》에서 '온순했던 양들에게 이제는 잡아먹히는 사람들'로 표현했다. 스타인벡이 "은행은 사람보다 강해요. 괴물이라고요. 사람이 은행을 만들었지만, 은행을 통제하지는 못합니다"라고 비유적으로 표현한 구절은, 마르크스와 엥겔스가 "현대의 부르주아 사회는 주문을 외워 불러냈던 지하 세계의 위력을 더 이상 지배할 수 없게 된 마법사와 비슷하다"라며, 이제는 그 누구도 통제할 수 없는 지하의 힘에 빗대 자본주의를 표현했던 《공산당 선언》의 한 구절을 떠올리게 한다.

진실한 이야기는 실제 일어난 일을 그대로 기록한 글일 수도 있고, 글쓴이가 개연적 요소를 추가하여 재구성한 이야기일 수도 있다. 진실을 드러내는 데 사실이 필요하다면 필요한 만큼 사실을 쓰면 된다. 진실을 밝히는 데 허구가 필요하다면 필요한 만큼만 이야기를 지어내면 된다. 조지 오웰, 어니스트 헤밍웨이, 존 스타인벡 같은 저널리스트 작가들이 지녔던 창작 태도다. 평론가들이 이들의 작품 성향을 일컫는 '비허구 소설'(non-fiction novel)이라는 말이 그런 스타일의 글쓰기 특징을 대변한다. 스타인벡은 만년에 쓴 에세이 《아메리카와 아메리카 인》에 이렇게 적었다. "모자를 쓰는 방법은 여러 가지다. (…) 철모를 쓰는 방법은 하나뿐이다." 톨스토이의 《안나 카레니나》는 "행복한 가정은 서로 닮았지만, 불행한 가정은 모두 저마다의 이유로 불행하다"라는 문구로 시작되는데, 스타인벡이 보기에 전쟁이 개입된 세상에서 삶은 그 반대다. 모자를 쓰는 다양한 방법이 평화로운 세상의 다양한 행복이라면, 철모를 쓰는 단 한 가지 방법은 전쟁 시기의 획일화된 불행이다. 톨스토이가 본 것과 스타인벡이 본 것, 둘 중 어느 것 하나만이 진실인 것은 아닐 것이다.

스타인벡은 냉전 시대의 시작인 1947년 무렵에 사진 작가 로버트 카파와 함께 소련의 러시아, 우크라이나, 조지아(당시에는 그루지야)를 다녀왔다. 일반 미국인이 소련 비자를 받는다는 것은 상상하기 어려운 시대였지만, 그가 자본주의 체제 아래서 고통받는 노동자들의 실상을 고발한 작품인 《분노의 포도》 작가라는 점이 비자 발급에 유리하게 작용했을 것이다. 소련에서는 자국의 사진 작가를 붙여 줄 생각이었지만 스타인벡의 강한 요청으로 카파와의 동행이 성사되었다. 《분노의 포도》를 발표한 뒤에는 미국인들에게 좌파라는 비난을 들었고 베트남전을 취재한 다음에는 우파라는 비난을 들었던 그이기에, 미국의 적국으로 향하는 시점에서 그는 선입관이나 편견에서 자유로운, 객관적이면서도 진솔한 기록을 담으리라 결심했다. 편집과 가치판단을 하지 않고, 만일 소문을 받아 적을 때는 소문이라고 밝히리라고 결심했다. 오늘은 사실 정보라고 믿었던 것이 내일은 거짓으로 밝혀질 수도 있다. 그 시대 소련의 선전 매체와 미국의 선정적인 매체들이 뿜어 내고 전파하는 워싱턴 혐오증과 모스크바 혐오증은 진실을 멀어지게 하는 질병 같은 것이었다. 소련에 한 번도 가 보지 않은 사람들에게서 수없이 많은 조언을 들었다. 누구는 굶어 죽지 않으려면 비상 식량을 챙겨 가야 한다고 했고, 어떤 이는 긴급할 때 사용할 통신 장비를 챙겨 가라고 했으며, 누구는 들키지 않는 소형 폭탄을 숨겨 가라고 했다. 그렇지만 스타인벡과 카파는 러시아 사람들이 어떤 옷을 입고 지내는지 우크라이나 농부들이 어떤 이야기를 하며 사는지가 궁금했을 뿐이다.

여행 중에 만난 모든 관리들은 스스로 뭔가를 결정하는 법이 없었다. 항상 어디론가 전화를 걸고 전화를 하염없이 기다렸다. 시간은 한도 끝도 없이 지체되기 일쑤였다. 저녁식사는 주문하고 두 시간 반이 지나서야 나왔다. 메뉴와 금액을 상부에 보고하고 작업 지시가 떨어져야 조리를 시작할 수 있기 때문이다. 이런 일에 인내심을 잃어서도 안 되고 화를 내서도 안 된다는 점을 스타인벡과 카파는 모스크바에 도착한 첫날부터 본능적으로 알아챘다. 모스크바 사람들에게는 유머와 웃음이 부족했다. 미국 대사관 주변에는 사람들이 거의 보이지 않았다. 여기 근처를 기웃거리다가 소문이라도 나면 모스크바에서 살아가는 것이 매우 고달퍼지기 때문이다. 그래서 미국인들의 초대를 받는 러시아 사람들은 어김없이 그다음 날에 병이 나거나 출장이 잡힌다. 카파는 호텔방 맞은편으로 보이는 카메라 수리점에서 직공이 작업하고 있는 모습을 종종 촬영했는데, 그 사람도 이쪽을 몰래 계속 촬영하고 있었다는 사실을 나중에 알게 되었다.

모스크바 사람들의 의사소통을 스타인벡은 '이중언어'(doubletalk)라고 불렀다. 조지 오웰이 《1984》에서 표현한 당원들의 '이중사고'를 연상시키기도 하는데, '이중사고'가 한 입으로 두 이야기를 하는 것이라면, 모스크바 사람들의 '이중언어'는 사실을 제대로 알려주지 않으려고 빙빙 돌려서 말하는 것을 가리킨다. 책임을 회피하기 위해, 또는 상대방에게 약점을 잡히지 않기 위해 되도록 애매모호하게 표현하고 최대한 에둘러 표현한다. 즉 진실에서 되도록 멀어지려는 표현법이다. 스탈린그라드 인구가 얼마냐고 물어보면 전쟁 전의 87퍼센트라고 대답한다. 거짓말은 아니었지만 전쟁 전의 통계를 알지 못하는 이에게는 아무 쓸모가 없는 대답이다. 공장에서 만들고 있는 트랙터 생산량이 얼마나 되냐고 물으면 한참 뒤에 1939년의 95퍼센트 정도라는 답변이 돌아왔다. 카라가노프는 그들이 만난 소련 당국자들 중에 생각이 가장 열린 사람이었다. 그가 요구한 조건은 한 가지뿐이었다. 진실만 이야기하고, 본 대로만 적을 것. 스타인벡은 나중에 이렇게 적었다. "사람이 세상에서 하기 가장 어려운 일은 사물을 있는 그대로 관찰하고 받아들이는 것이다."

그들을 차로 안내해 준 러시아 운전사는 어디서든 잠깐 눈을 붙이고 숙면을 취했다가 바로 깨서 원래 하던 일에 몰두하는 놀라운 능력을 갖고 있었다. 그가 전시에 탱크 운전병이었다는 사실을 듣고서 그런 습관을 이해할 수 있었다. 전쟁을 겪은 경험은 삶에 지대한 영향을 끼친다. 전쟁을 두려워하고 평화를 염원하는 것은 러시아, 우크라이나, 조지아 주민들의 한결같은 마음이었다. 스타인벡과 카파는 소련 당국에서 주선한 모임과 만찬에 어쩔 수 없이 참석을 해야 할 때가 많았다. 현지인들이 공산당 기관지인 〈프라우다〉에 나온 내용을 가지고서 질문 내용을 작성하다 보니 어느 곳에 가든 인터뷰 질문은 거의 비슷했다. 외국인에게 뭔가 자랑하려는 목적으로 자국의 유명한 인물이나 제품에 관해 묻는 것을 우스개로 '두 유 노우' 질문이라고 한다. 냉전기의 소련도 예외는 아니었다. 당시 러시아의 최고 인기 작가인 콘스탄틴 시모노프의 작품을 작가 스타인벡이 알고 있는지, 혹시 좋아하는지에 대한 질문은 어디를 가든 빠진 적이 없었다.

카파는 되도록 사람들 눈에 띄지 않으면서 촬영을 하려고 애를 썼는데, 한번은 우크라이나에 갔을 때 동네 사람들이 마을 회관에서 공연하는 연극 장면을 플래쉬를 터뜨리며 촬영하다가 촬영에 익숙하지 않은 마을 사람들이 대사를 다 까먹고 긴장하여 넘어지는 바람에 연극 무대가 엉망이 된 일이 있었다. 다행히 마을 사람들과 함께한 연회는 즐겁게 진행되었다. 스타인벡이 대부분을 쓴 《러시아 저널》에는 뚜렷한 특징이 하나 있다. '작가 스타인벡'의 모습이 글에 거의 드러나지 않는다는 점이다. 스타인벡은 의도적으로 자기 시점이 아닌 카파의 카메라 시점으로 글을 서술했다. 그래서 어떤 때는 카파가 쓴 글처럼 느껴지기도 한다. 카파의 말을 빌리면, 사진이 좋은 이유는 보이는 것을 그대로 담아내기 때문이다. 그는 늘 강조했다. 어떤 때는 천 마디 글보다 사진 한 장이 더 깊은 진실을 보여 준다고. 스타인벡이 사진 찍듯이 글을 쓴 이유도 그러할 것이다.

《러시아 저널》에는 사진 작가 카파가 쓴 글들도 있다. 스타인벡은 호텔에서 늘 아침 일찍 일어나 일하는 척을 한다. 그렇지만 실은 배가 고파서 깨어 있는 상태인데, 그럼에도 호텔 프런트의 러시아 직원과 통화하기는 싫어서 카파가 일어나기만을 기다리는 중이다. 카파도 그 점을 알고 잠에서 깨면 지체하지 않고 몸을 일으킨 다음 프런트에 전화를 걸어 영어, 프랑스 어,

러시아 어를 섞어 쓰며 아침식사를 방에 가져다 달라고 요청한다. 스타인벡이 보기에 이해하기 어려운 카파의 습관이 하나 있었다. 카파는 연필이든 만년필이든 라이터든 한 번 사용할 때 남김없이 사용한 다음 모두 버리고 새것을 사는 것이었다. 스타인벡이 보기에 소련에서 그랬다가는 낭패를 볼 것 같았다. 그는 카파에게 이래라저래라 하지 않고 조용히 그의 라이터 기름과 만년필 잉크를 늘 가득 채워 주었으며 늘 연필심을 가지런히 깎아 주었다. 나중에 종군 기자로 베트남전에 파견된 카파는 지뢰를 밟아 전장에서 사망했다.

형편이 안 좋아도 멀리서 온 손님에게는 좋은 것을 대접하고 싶은 것, 그런 모습은 어디나 비슷했다. 마을 사람들은 멀리 미국에서 온 소설가와 사진가에게 궁금한 점을 물어보고 그들의 이야기를 호기심 어린 눈으로 들어주었다. 스타인벡과 카파가 보고자 했던 것이 바로 그런 모습이었다. 순수한 아이들의 눈이 경험 많은 어른들보다 진실을 더 잘 표현하듯, 방문객의 눈에 비친 편견 없는 모습이 그 사회의 진실을 더 잘 표현하기도 한다. 우크라이나에서 만난 가정에서 '그리샤'라는 아이가 스타인벡과 카파를 보더니 자기 엄마에게 외쳤다. "이 미국 사람들도 우리랑 똑같이 생겼어요!" 아이의 천진한 한 마디 속에 냉전 시대의 서글픈 진실이 담겨 있다.

7
실존의 불안을 직설하다
오에 겐자부로

1994년 스웨덴 한림원은 일본 작가 오에 겐자부로(1935~2023)를 노벨문학상 수상자로 발표했다. 노벨문학상은 특정 작품에 수여하는 상이 아니라 작가에게, 엄밀히 말하면 충실히 살아온 한 작가의 일생에 수여하는 상이다. 오에 겐자부로가 평생에 걸쳐 문학의 주제로 삼았던 것은 실존주의였다. 실존적 존재인 인간은 이 세상에 우연히 내던져졌기에 주어진 이 시간과 공간의 한계 속에 살아가지만, 어떤 삶을 살지 매 순간 판단해야 하는 자유로운 존재이기도 하다. 따라서 실존적 존재에게 자유와 불안은 늘 함께하는 동반자 같은 것이다. 스웨덴 한림원은 시상 이유를 '오에 겐자부로가 현대 사회에서 인간 심연의 불안을 극명히 그려 냈다는 것'이라고 밝혔다.

오에 겐자부로는 철학적이고 추상적인 개념에만 머물지 않았다. 그는 부조리한 현실에서 늘 불안 속에 살아가야 했던 이들, 그리고 부당하게 고통을 당해야 하는 사람들의 삶을 이해하고자 노력했다. 그들 입장에 서서 사회의 모순을 통찰하고 비판했다. 그 비판 대상은 정부 또는 권력을 가진 이들이었으므로 그 과정에서 모진 탄압을 받았고, 피고로서 법정에도 자주 섰다. 그는 이런 일들을 겪으며 말이 지닌 위력에 관해 깊이 성찰하게 된다. 말에는 어떤 힘이 있는가 하는 문제에 평생 매달렸다. 이것은 어떤 말이 진실을 전달하는 힘이 있는가 하는 문제로 바꾸어 볼 수 있다. 에세이이자 르포인 《오키나와 노트》에 작가의 사상을 집약하는 한 문장이 있다. "모호한 말이나 막연한 말이 암시하는 상황 때문에 고통받는 것보다 명료하고 분명하게 확인하는 편이 대처하기 쉽다는 예측이다. 또 흐릿한 어둠 속의 어떤 현실을 또렷이 인식하는 것은, 그것을 극복할 방법을 이미 찾은 것이라고 판단하는 태도이다."

언어 표현은 모호한 경우가 많다. 우치다 타츠루가 지은 《소통하는 신체》에는 일본어 '적당'의 정확한 뜻에 관해 물어보는 스위스 유학생의 이야기가 나온다. 일본어로 '적당한 답을 고르세요'라고 할 경우의 '적당'은 '적절한' 또는 '올바른'이라는 뜻이지만 '적당히 해' 같은 말에서 '적당'은 '대강'이라서 '별로 올바르지 않다'는 뜻이 된다. 대체 왜 같은 단어를 정반대 뜻으로 쓰는 건지 스위스 유학생은 이해를 하지 못했는데, 적당한 설명을 못해 주었다고 한다. 일본어의 '좋아한다'는 말도 그렇다. '사랑한다'를 뜻하기도 하고 '그렇게 좋아하는 건 아니다'를 동시에 뜻하기도 한다. 맥락에 따라 뜻이 달라지는 것은 언어 표현의 보편적 특징이지만 이렇게 같은 표기로 정반대 뜻을 나타내는 경우들도 있다.

공자와 제자들이 나눈 대화록인《논어》'헌문' 편에서 제자가 공자에게 묻는다. "원망할 일을 당했을 때 이를 덕으로 갚아 주는 건 어떻습니까?" 누가 자신에게 잘못을 했을 때 이를 덮어 주고 너그럽게 대하는 것이 좋은 일이냐는 것이다. 그러자 공자는 "그러면 덕을 입었을 때는 무엇으로 갚겠는가?"라고 답한다. 나쁜 일을 당했을 때도 너그럽게 대하고 덕을 입었을 때도 너그럽게 대한다면 그게 올바른 거냐고 되묻는다. 그러고는 다시 말한다. "덕은 덕으로 갚고, 원망은 직설적인 말로 되갚으라." 감정을 감추고 애써 기분 안 나쁜 척을 하기보다는, 서운하거나 기분 나쁜 점을 솔직하게 말하는 게 적절하다는 것이다. 외교적 언사에서 '유감/사과/사죄' 같은 표현의 등급을 세심하고 엄격하게 나누는 것처럼 말이다. 즉 외교적으로 '사죄'할 문제에 대해 외교적 '사과'로 그치거나, 외교적으로 '사과'할 문제에 대해 외교적 '유감'으로 그치면 정치적 마찰이 발생한다. 상황에 적당한 언어 표현이 있다.

오에 겐자부로가 오키나와 역사를 살펴보다가 뭔가 잘못된 것을 발견한 것이 바로 이 지점이다. 사과를 할 때는 사과의 주체를 뚜렷하게 드러내는 것이 매우 중요하다. 사과할 대상과 사과하는 주체가 뚜렷하다면, 피동형이 아닌 능동형을 써야 한다. '실수가 있었습니다'(Mistakes were made)라고만 쓰면 안 되고 '저희가 실수를 했습니다'(We made mistakes)라고 잘못의 주체를 밝혀야 제대로 된 사과 문장이 된다. '일어나지 말았어야 할 일이 일어났습니다'라고 논점을 피하지 말고, '일으키지 말아야 할 일을 일으켰습니다'라고 사고 주체를 드러내야 한다. 피동형은 '사고 원인은 밝혀지지 않았다'처럼 주체가 뚜렷하지 않을 때 불가피하게 쓰는 표현 형식이다.

행위 주체인 주어를 숨기는 화법은 진실을 감추려는 자들이 자주 쓰는 수법이다. 행위 주체를 모호하게 표현하여 독자의 판단 기준을 흐리게 만든다. '오해가 있었다'고 시작하는 사과문은 사과하기 싫다는 뜻으로 이해하면 된다. 어느 단체에서 사과 성명을 내면서 '많은 분들이 고통과 불편을 당하신 점 유감스럽게 생각합니다' 같은 식으로 가해자인 자신들을 드러내지 않는 것도 이와 마찬가지다. 기사에 '~라는 지적이 제기된다' 같은 피동형 구절이 보이면, 기자가 익명으로 자기 의견을 내세우고 싶은 거라고 보면 된다. 중요한 대목에 피동형 표현이 많이 나온다면 숨겨야 할 뭔가가 있다는 뜻이다. 정치 영역에서 언어 표현은 훨씬 더 다의적이고 미묘하며 민감한 문제가 된다.

오키나와는 일본에서 가장 심한 차별을 받아 온 지역이다. 오키나와의 비극적 역사는 독립국이었던 류큐 왕국에서 비롯하는데, 메이지유신 시기에 강제로 일본 본토에 병합되어 '오키나와 현'이 되었다. 이를 '류큐 처분'이라고 한다. 1429년부터 1879년까지 존속한 류큐 왕국은 원거리 영향권 안에 있던 중국의 조공국이었다. 1609년에 침략해 류큐 왕국을 실질 지배하게 된 일본국은 중국과 마찰을 피하기 위해 이 사실을 숨겼다. 명에서 청으로 왕조가 바뀐 후에도 중국에서는 이 사실을 전혀 몰랐다. 류큐 사람들은 중국에 여전히 조공을 바쳤고, 중국 사신들이 방문할 때면 아무 일도 없었던 것처럼 중국 황제의 신민들인 양 코스프레를 해야만 했다. 사신들이 가고 나면 언제 그랬냐는 듯 원래대로 일본 본토 관리들의 통제를 받았다. 이중 생활이라는 비극이 시작되었다. 이들은 중국 소속이 아니었으나 그렇다고 일본 소속도 아니었다.

류큐 처분으로 오키나와 현으로 일본에 완전히 편입된 후에도 차별은 계속되었다. 오에 겐자부로는 《오키나와 노트》에서 오키나와 전래 동요 하나를 소개한다. 아이들이 까마귀에게 "빨리, 숨어!" 하고 소리치는 내용인데, 까마귀에게 얼른 숨으라고 말하는 것은 오키나와 사람들 자신들의 처지를 빗댄 것이다. 정작 숨어야 하는 것은 까마귀가 아니라 자신들이다. 청나라 사람들, 본토 일본인들, 그리고 또 미군들까지 들이닥칠 것이기 때문이다. 평생 눈치를 보면서 숨어 지내야 하는 삶은 얼마나 슬프고 비참한가.

류큐 처분 이후에도 비극은 멈추지 않았다. 태평양전쟁의 격전지였던 오키나와는 미군에 의해 초토화되었다. 이때 치렀던 전투를 '오키나와 전'이라 부른다. 2차 세계대전 패전 후에 오키나와는 미군의 통치를 받는 영토가 되어, 핵무기를 비롯해 엄청난 화력이 배치된 군사 기지로 탈바꿈했다. 오키나와 사람들의 터전이 거대한 무기 저장소가 된 것이다.

오키나와 주민의 25퍼센트에 해당하는 12만 명이 사망했다. 일본 정부는 오키나와 주민에게 민, 관, 군은 공동 운명체이니 같이 살고 같이 죽어야 한다며, 끝까지 저항할 수 없을 때는 자결할 것을 종용했다. 긴 법정 싸움의 당사자였던 오에는 오키나와 전투를 기술한 기존 역사 교과서에 이의를 제기했다. 오키나와 전이 벌어지고 있을 때 일본 정부는 '미군의 포로가 되느니 명예롭게 자결하라'는 취지로 오키나와 주민들을 압박했다. 후대의 교과서에는 이를 '집단 자결'이라고 서술하고 있는데, 오에 겐자부로는 이를 문제 삼았다. '자결'이라는 용어를 사용하면 오키나와 주민들의 주체적인 선택 문제가 되는데, 이는 역사적 진실과 거리가 멀다. 이들의 죽음은 분명 정부 권력에 의해 강제되었다. 따라서 그들을 죽음으로 내몬 주체인 일본 군대가 드러나도록 '강제 집단사'로 기술해야 한다고 주장했다.

개인이 각자 결정한 자결인지 군이 명령한 집단사인지를 두고 재판이 진행되었다. 작가 오에 겐자부로도 재판 과정에 참여했다. 이 와중에 문부성은 역사 교과서의 군 관여 부분을 삭제해 버렸다. 재판부는 일본 군의 관여를 인정했지만, '새로운 역사 교과서를 만드는 모임' 등이 주도해 만드는 우편향 교과서가 여전히 여러 학교에 채택되는 게 일본의 현실이다. 미군 지배권 아래로 들어갔던 오키나와는 1972년 일본 정부에 반환되었으나 실질 지배권은 여전히 미국에 있다. 주인만 바뀐 그들의 노예 같은 이중 생활도 이어지고 있다. 오에 겐자부로는 앞으로 나오는 교과서에서 다음과 같은 점을 주의할 것을 당부한다. '집단 자결'이라는 표현은 옳지 않고 '내몰렸다'는 표현도 적절치 않으며 '살해당하는'의 행위 주체도 잘 따져 보아야 한다고. '역사 만들기'라고 하면 보통 자국의 이익을 위해 타국과 관련된 역사적 사실을 왜곡하는 것이 연상되는데, 오에는 자기 나라 안에서의 역사 만들기 폐해를 바로잡으려 했던 것이다. 긴 법정 싸움에서 오에 측이 승리했다. 진실이 이겼지만 방심을 하기엔 이른 듯하다. 오에가 보기에는 진실된 역사 서술을 위한 긴 투쟁의 첫걸음을 이제 막 뗀 것에 불과하기 때문이다.

'그라운드 제로'Ground Zero 또는 '제로 지점'은 히로시마나 나가사키처럼 원자폭탄이 떨어진 곳을 가리키는 말이다. 그런데 9·11 테러가 일어나고부터는 세계무역센터 건물이 무너진 현장을 가리키는 말로 주로 쓰이고 있다. 인터넷 검색으로 '그라운드 제로'를 찾아보면 9·11 관련 자료가 화면을 거의 다 차지한다. 원폭의 위력과 위험성을 상기시켰던 역할이 퇴색하고 바뀐 것이다. 오에 겐자부로는 이 점을 지적한다. '제로 지점'이라는 표현이 히로시마의 전유물은 아니다. 그렇지만 제로 지점이 9·11만 상기시키는 것도 바람직한 건 아닌 듯하다. 1945년 8월 6일 오전 8시경 히로시마에 원자폭탄이 떨어졌다. 히로시마 사람들은 삼 주 뒤에 도쿄에서 온 과학자들이 원자폭탄 폭발이라고 공식 발표를 하기 전까지 아무것도 모른 상태에서, 겪어 본 적도 없고 들어 본 적도 없는 이 끔찍한 재앙을 겪으며 죽음의 공포와 싸웠다.

히로시마 적십자 병원의 시게토 후미오 원장은 원폭 일주일 전에 히로시마에 부임했다. 그리고 인생이 완전히 뒤바뀌었다. 8월 6일에 시게토 원장 역시 피폭을 당했으나 부상 정도가 심하지 않다고 판단해 병원으로 복귀했고, 물밀듯 밀려드는 부상자들을 돌봤다. 시게토 원장은 방사선학을 연구한 경험이 있었기에, 자료실의 엑스선 필름이 다 망가진 것을 보고서 도시를 휩쓸어 버린 대폭발과 방사능의 연관성을 직감했다. 오에 겐자부로가 그를 만났을 당시 그는 칠 년에 걸쳐 원폭과 백혈병 증가의 연관성을 추적하고 있던 중이었다. 피폭자들이 정부 후생성의 지원을 받으려면 근거 자료가 필요하기 때문이었다. 그것은 정치적 의료 활동이었다. 시게토 박사는 매우 정치적인 의사였다. 그의 뛰어난 정치 역량은 정계 진출을 위한 것이 아니라 의료 지원을 더 많이 얻어 내기 위해 발휘되었다. 실익을 얻기 위한 협상에는 언제든 발벗고 나섰다. 히로시마를 방문한 소련 대표단이 의료 기구를 지원할 수 있다는 의사를 내비치자 이를 놓치지 않고 그날 즉시 협상에 돌입하여 당일에 확답까지 받아 내는 인물이었다. 오에 겐자부로는 시게토 박사의 그런 모습에 깊은 감명을 받았다. 시게토 박사는 의료적 현안과 정치적 현안 둘을 모두 떠안고 갔다. 어두운 방안에 틀어박혀 살아가는 이들이 정상적인 생활을 할 수 있는 방법을 찾기 위해 애를 썼다. 얼굴과 온몸에 화상을 입고 흉한 상처가 생긴 사람들은 밖에 나오지 못하고 집에서 틀어박혀 겨우 살아갔다. 젊은 여자들은 방에서 마루조차 나오기를 꺼렸다. 젊은 임산부들 중에는 기형아를 낳거나 사산하는 경우도 적지 않았다. 그럴 때 의사들은 엄마가 아기를 보지 못하게 조치했다. 어떤 젊은 엄마는 아기 얼굴을 한 번이라도 보았다면 "차라리 용기가 났을 텐데" 하며 탄식했다고 한다. 오에 겐자부로는 그 '용기'라는 말이 그렇게 슬픈 단어인지 몰랐다며 애통해 했다.

1964년 도쿄 올림픽 성화 최종 주자로, 원폭 투하일에 태어난 히로시마 출신 육상 선수 사카이 요시노리가 선정되었다. 어느 미국인 저널리스트는 이 결정을 듣고, 원폭을 상기시키는 사건이라 불쾌하다는 칼럼을 발표했다. 그렇지만 그런 불쾌감을 표현할 권리가 있다면, 그것은 히로시마와 나가사키의 피폭자들에게만 있을 것이다. 침묵할 권리와 더불어 말이다. 성화 봉송 청년은 선수 생활을 훌륭히 마쳤고 2014년에 69세를 일기로 세상을 떠났다. 도쿄 올림픽이 다시 열린다는 소식을 듣고 기뻐했지만 개최까지 보지는 못했다. 피폭 때문에 평생 치료를 받으며 살아가면서 틈틈이 가야금을 익힌 어떤 노부인은 가야금을 연주하면서 삶의 시름을 잠시 잊는다고 했다. "모든 걸 다 잃고 나면 무언가를 또 얻는다는 사실을 원폭 때부터 저는 절절히 느끼고 있습니다." 히로시마 병원의 노인들은 병상 창가에서, 각지에서 찾아온 원폭 반대 시위대를 향해 손을 흔들어 준다. 자전거를 팔고 싶다고 했던 손자를 꾸짖었던 노인은 원폭 당일인 그날 손자를 잃었다. 병동의 그 노인은 누가 말을 걸면 "네가 자전거를 팔자고 했을 때…"라는 혼잣말을 끝도 없이 중얼거린다.

히로시마에는 피폭당한 뒤에 '자살할 수밖에 없었던 사람들'과 '그럼에도 자살하지 않은 사람들'이 있었다. 의사들도 사람인지라 '자살할 수밖에 없었던 의사들'과 '그럼에도 자살하지 않은 의사들'이 있었다. 그럼에도 자살하지 않은 의사들은 고된 임무를 묵묵히 수행하면서, 밤이면 매일 병원 뒤편에 쌓인 시체들을 태워야 했다. 쌓여 가는 시체는 말도 못할 악취를 풍기고 있었다. 그 시체 위에는 동료 의사와 간호사들이 있었다.

시게토 박사를 비롯해 히로시마 의사들은 현행법 테두리 안에서 최대한 의료적 재정적 지원을 이끌어 내려고 동분서주 뛰어다니면서도 더러 기꺼이 법을 어겼다. 히로시마 의사들은 피폭당한 히로시마 청년들이 타지에서 취직을 할 수 있도록 그들의 병력을 숨기고 취업 추천서를 써 주었다. 그렇지 않으면 피폭당한 청년들을 취직시켜 줄 만한 회사가 이 세상에는 없기 때문이다. 그렇게 도쿄의 인쇄소에 취직한 한 청년은 열심히 일했고 동료들에게 사랑받는 직원이 되었다. 청년은 피폭 후유증이 악화되어 이 년 뒤에 사망했다. 약혼자였던 스무 살 아가씨는 청년의 사망 소식을 듣고 자살했다. 나가사키의 피폭자인 시인 하라구치 기쿠야는 백혈병 진단을 받고 자살했다. 히로시마와 나가사키는 그런 일이 비일비재로 일어나는 곳이었다.

오에 겐자부로는 원폭 이십 주년이 가까워 오는 1960년대 초의 히로시마를 보며 도시 전체가 묘지 같았다고 적었다. 그로부터 육십 년이 넘게 흘렀다. 1935년생인 오에 겐자부로는 2023년 3월 세상을 떠나기 전까지 자신의 노구를 이끌고 반전 반핵 시위에 참여하였다. 그가 꾸준히 글을 썼던 것도 애써 밝힌 진실한 목소리가 다시 묻혀 버릴까 염려했기 때문일 것이다. 그는 진실의 힘을 믿었지만 조금이라도 게을러지면 겨우 찾은 그 소중한 것을 금세 잃어버릴 수 있음도 알고 있었다. 진실은 확정형이라기보다는 진행형에 가까운 듯하다.

8
절박한 순간을 듣고 또 듣다
스베틀라나 알렉시예비치

페르시아 대군이 쳐들어온다는 소식을 듣고 스파르타 전사 300여 명은 죽음을 불사하고 끝까지 싸우기로 결의했다. 출정을 앞두고 그들은 다시는 집에 돌아오지 못할 것임을 직감했다. 이들은 가족과 이별하기 전날 밤에 서로 어떤 이야기를 주고받았을까? 절박한 순간에 나누는 사람들의 대화, 역사책에 기록되지 않는 그 이야기 안에 삶과 세상살이의 진실이 깃들어 있을 것이라고 작가 스베틀라나 알렉시예비치(1948~)는 믿는다. 그는 그런 이야기를 듣는 작가다. 너무 무거워서 또는 너무 무서워서 사람들이 선뜻 꺼내지 못한 이야기, 가슴속에 묻어만 두었기에 깊은 한이 서린 그 이야기들을 작가 알렉시예비치는 여러 번 듣고 또 듣는다. 녹음을 풀며 그 기록을 글로 정리한다. 인터뷰의 대부분은 전쟁에 관한 기억들이다. 소련(소비에트 연방)이 시작한 전쟁, 독일이 시작한 전쟁… 소련 사람들은 언제나 전쟁과 함께 살아왔다. 전쟁 중이거나 전쟁을 준비 중이거나 둘 중 하나였기 때문이다. 평화는 낯선 말이었다.

소련은 1939년에 핀란드를 침공했다. 핀란드는 영토 일부를 빼앗겼으나 정복당하지 않고 끝까지 버텨 냈다. 전쟁이 끝나고 포로들을 서로 교환했는데, 핀란드 쪽에서는 송환된 포로들을 껴안아 주면서 격려하는 데 반해, 소련 쪽에서는 돌아온 병사들에게 국가 반역죄로 육 년 동안의 강제 노동형을 내렸다. 전쟁터에서 명예롭게 죽지 않고 적에게 붙잡혀서 결국 비굴하게 살아 돌아온 죄였다. 그럴 때도 병사들은 더 잘 싸우지 못한 자기들 탓을 했지 나라를 탓하지 않았다. 언제나 개인보다는 전체가 중요하다는 것, 소련인들은 그 점을 교육받고 자란 사람들이었다. 독일은 1939년 폴란드 침공을 시작으로 또 한 차례의 세계 대전을 일으켰으며 1941년에는 소련까지 공격했다. 아이들은 보고 들은 대로 따라하면서 논다. 이 시절 소련 아이들은 독일어로 '손들어!'와 '꺼져!'를 외치면서 독일군 병정놀이를 했다. 스베틀라나 알렉시예비치는 이렇게 말한다. 어린 딸아이에게 꽃을 함부로 꺾는 것은 나쁜 행동이고 잠자리 날개를 뜯는 것은 너무나 잔인한 짓이라고 혼내는 사람이, 전쟁이 뭐냐고 묻는 그 아이에게 전쟁을 과연 설명할 수 있겠냐고. 전쟁에서 살아 돌아온 여자들은 말한다. 죽는 것보다 죽이는 것이 더 힘들었다고.

그가 쓴 《전쟁은 여자의 얼굴을 하지 않았다》는 전쟁터 위생사관, 저격수, 기관총 사수, 고사포 지휘관, 공병 등으로 복무하다가 전쟁이 끝나서 현업에 복귀하여 평범하게 살고 있는 여자들이 회고한 전쟁터 이야기다. 일반적인 역사책에는 거의 기록되지 않은 숨겨진 역사인 것이다. 전쟁터에 가야 한다는 명령을 받은 어느 여인은 화분을 이웃에게 부탁하며 금방 돌아올 테니 자기가 없는 동안 물 좀 주라고 부탁을 했다. 그러고는 사 년 뒤에 돌아왔다. '용맹한 병사' 메달과 포상 휴가를 받은 나타시카가 며칠간 집에 다녀오자, 다들 빙 둘러서 서로 냄새를 맡겠다고 난리가 났다. 줄을 서서 돌아가며 냄새를 맡았고 집 냄새가 난다며 모두들 좋아했다. 독일군 진영에 침투한 지하공작원 여성은 장교 식당 종업원으로 몇 달간 위장을 해 오다가, 매일 얼굴을 마주보고 웃으며 '당케 쇤, 당케 쇤' 하며 인사를 주고받던 독일 장교들을 죽이기 위해 수프 냄비에 독을 풀었다. 죽이는 게 죽는 것보다 훨씬 끔찍했다며 당시를 회고했다.

어린 아가씨 옥사나가 살던 우크라이나 고향 마을은 전쟁통에 찾아온 대기근으로 인구의 절반이 굶어 죽었다. 부모님과 동생들도 모두 죽고 옥사나 혼자 남아 마구간에서 말똥을 먹으며 버텨 냈다. 따뜻한 말똥은 먹기가 힘들지만 차갑게 식은 말똥은 건초 냄새가 나서 먹을 수 있었다고 한다. 그렇게 목숨을 부지한 옥사나는 전쟁에 차출되었고 참전 이틀째에 전사했다. 고향에는 전사 통지서를 받을 사람조차 없었다. 옥사나와 같은 소대원이었던 다른 아가씨가 인터뷰에서 들려준 이야기다. 전쟁 중에 사람의 목숨은 과연 어떤 의미일까?

전쟁터에 죽음만 존재하는 것은 아니다. 사랑도 존재하고 생명도 존재한다. 전선에서 만나 결혼을 한 이들도 있다. 동료들이 버려진 독일군 낙하산을 찢어 신부의 웨딩드레스를 만들어 주었고, 결혼식은 참호에서 이루어졌다. 독일군에 포위된 상태로 늪지대에서 몇 주간이나 버틴 병사들도 있다. 소대원 중에는 출산한 지 얼마 안 되는 아기 엄마도 있었다. 독일군에게 들키지 않으려고 늪에 숨어 있었기에 아무것도 먹지 못하다 보니 젖도 나오지 않았다. 배고픔을 참지 못한 아기가 울기 시작하자 저 멀리 산등성이에서 독일군 수색견이 짖는 소리가 들려왔다. 아기 엄마도 소대장도 우는 아기는 어찌할 수 없었다. 죽음이 코앞에 찾아왔다. 늪에서 목만 빼놓은 소대원들이 아기의 울음소리를 들으며 곧 닥쳐 올 죽음을 기다리고 있었다. 그때 아기 엄마가 결심을 한 듯 늪 속에 한참을 들어갔다가 나왔다. 아기는 더는 울지 않았고 소대원들은 모두 생존했다. 그 후로 아무도 아기 엄마와 눈을 마주칠 수 없었다.

독일군을 향한 소련인들의 증오와 적개심은 점점 커져 갔다. 붙잡은 독일군을 소련군 병사들은 총살시키지 않았다. 최대한 잔인하게 죽이기 위해 독일 병사의 몸을 돼지고기 썰듯 토막을 냈고 눈알이 터져 나가는 모습을 다같이 지켜보았다. 이런 경험담들이 실린 원고를 책으로 만들어 줄 출판사는 쉽게 나타나지 않았다. 거절하는 출판사의 입장은 대체로 비슷했는데, 전쟁이 너무 무섭고 잔혹하게 묘사되었다는 것과 지나치게 사실적이라는 것이다. 출판 검열관은 스베틀라나 알렉시예비치에게 경고했다. 전쟁의 추악한 모습만 보여 주는 이런 글은 안 된다며, 우리에게 필요한 것은 저급한 이야기가 아닌 위대한 이야기라고 말했다.

소련은 아프가니스탄의 친소 정권을 지원하기 위해 1979년에 군사를 보냈고, 반소 진영의 지원을 받은 아프가니스탄 내의 무장 단체 무자헤딘과 맞서면서 향후 십 년이나 길게 이어지는 전쟁을 시작했다. 2005년에 발표된 러시아 영화 〈제9 중대〉가 이때 이야기를 소재로 만들어진 작품이다. 알렉시예비치의 또 다른 인터뷰 기록인 《아연 소년들》은 아프가니스탄에서 치른 전쟁에 참여한 어린 병사들과 그 병사들의 어린 아내, 병사의 어머니들이 들려준 이야기를 모은 책이다. 전투에서 사망한 병사들 시신은 관에 실려 고향집으로 보내지는데, 관을 만들 때 사용되는 금속 재료가 아연이다. 아연 관이 고향 마을로 들어오면 그 마을은 초상집이 된다. 전투에서 사망한 아연 소년들은 '검은 튤립'에 실려서 고국으로 돌아온다. '검은 튤립'은 아연 관들을 수송하는 비행기를 가리키는 별칭이다.

책이 출간되고 나서 《아연 소년들》의 작가는 유가족들에게 고소를 당했다. 병사들을 살인 로봇, 약탈자, 강간범 등으로 묘사했다는 것이 이유였다. 작가를 고소한 어머니들 입장에서는 모든 소년병들이 다들 자기 아들 같았기 때문일 것이다. 전장에서 일어난 모든 사건들이 자기 아들에게 일어난 일인 것처럼 감정이입을 했을 것이며, 그 안에서 벌어진 끔찍한 만행에 대해서는 모든 어머니들이 그러하듯 '우리 아들이 그럴 리는 없을 것'이라고 생각했다. 며칠간 뜨거운 모래에 잠복하며 용변도 제자리에서 봐야 했던 젊은 병사들은 악이 머리 끝까지 차올랐고, 낙타에 짐을 잔뜩 실은 상인들(카라반) 행렬이 시야에 나타나자 미친 듯이 총질을 해 댔다. 민간인인지 군인인지는 중요하지 않았다. 그저 가득 차 있던 그 악을 쏟아 낼 대상이 필요했다. 그러고는 상인들과 낙타들 시체 옆에 나뒹구는 잼과 설탕을 미친 듯이 퍼먹었다. 처음에는 두려웠던 옆 전우의 죽음은 서서히 짜증으로 바뀌었다. 이 더위에 저 시체를 끌고 어떻게 부대까지 돌아가야 하나, 한숨부터 나왔다. 시체에서 쏟아져 내린 내장이 무더위 속에서 풍기는 악취, 대변과 뒤섞인 피 냄새는 아무리 씻어도 없어지지 않았기 때문에 더 화가 났다.

고장 난 트럭을 점검하려고 운전병이 차에서 내려 보닛을 여는 순간, 열 살쯤 되어 보이는 아프가니스탄 소년이 달려와 운전병의 등을 칼로 찔렀다. 운전병은 그 자리에서 사망했다. 그 소년을 향해 즉시 자동 소총이 난사되었고, 소년뿐 아니라 근처

주민들도 다함께 몰살되었다. 그런 일이 십 년간 아프가니스탄 땅에서 반복되어 벌어진 것이다. 전쟁이 끝나고 주민들을 인터뷰하기 위해 작가가 찾은 아프가니스탄 병원에는 두 팔이 없는 아이가 입으로 인형을 갖고 놀고 있었다. 전쟁이 끝난 소련의 어느 남쪽 바다에는 아프가니스탄에 파병되었던 젊은이들이 함께 해수욕을 즐기고 있었다. 젊은이들은 두 팔로 모래를 기어서 바다로 향하는데, 그 젊은이들의 수가 그들 다리를 합친 수보다 많았다.

 사람들은 말한다. 너무 끔찍한 진실이라서 진실이 아니고 거짓 같다고, 그래서 진실을 알고 싶지 않다고. 진실을 다 알면 모든 삶이 무너질 것 같았다고. 쓰디쓴 진실을 외면하고 싶은 마음 역시 사람의 진실한 마음이다. 종군 기자 종군 작가 모임은 진실이 비극적이고 참혹하다는 이유로 그 진실을 말하는 작가의 권리를 침해해선 안 된다며 작가 알렉시예비치를 옹호하는 성명을 발표했다. 알렉시예비치는 법정에서 이렇게 진술했다. "어머니들의 슬픔과 고통 앞에선 어떤 진실도 무색해집니다. (…) 아이들은 (…) 영웅이 아니라 순교자들입니다. (…) 아이들을 희생양으로 삼은 이념을 위해서가 아니라 우리 아이들을 위해 기도해야 합니다. 어머니들에게 말하고 싶습니다. 어머니들은 지금 여기서 아들들을 지키는 게 아니라고요. 어머니들은 지금 무서운 이념을 지키고 있는 겁니다." 법원은 소송 일부를 기각하여 작가 손을 들어 주었고, 반면에 부분적 명예 훼손을 인정한다며 어머니들의 손을 들어 주었다. 애초에 승자가 없었던 법정 싸움은 그렇게 끝났다. 작가에게는 쌍욕을 해 대는 익명의 전화들이 종종 걸려 왔다. 작가는 그것까지 들어야 하는 운명이라고 여긴다. 듣고 싶은 것만 가려들을 수는 없었다. 듣는 것이 그의 일이며, 이 시대에 자기가 해야 할 사명이라고 여긴다.

20세기에 들어 인류는 거대하고 참혹한 두 차례 세계대전을 치렀다. 2차 세계대전이 끝나고서는 미국과 소련, 이 두 강대국 사이의 팽팽한 군비 경쟁이 이어졌다. 냉전 시대가 시작된 것이었는데, 자본주의 및 자유주의의 선봉인 미국과 공산주의 및 사회주의의 선봉인 소련은 각각 군비 경쟁만큼이나 치열한 사상전을 펼쳤다. 소련의 교실에는 메르카토르 지도가 걸렸다. 그 지도에는 소련의 국경이 선명하게 표시되어 있었다. 이 세상을 거의 다 뒤덮을 듯 거대한 영토⋯ 학생들에게 소비에트 연방은 세계에서 가장 강력하고 위대해 보였다. 소련의 실제 영토도 물론 방대했으나 메르카토르 지도에 표시된 소련 영토는 실제보다 어마어마하게 확대되어 표시된다. 극 지방에 가까워질수록 더 크게 왜곡되기 때문이다. 같은 시대에 미국의 교실에도 똑같은 메르카토르 지도가 걸렸다. 이번에는 소련 영토에 동유럽의 공산권 국가들까지 포함해서 붉은 색으로 표시되어 있었다. 이 어마어마한 붉은 세력에 맞서려면 강력한 군사력이 필요할 것이고, 미국의 힘은 더 강해져야 하며, 공산주의를 옹호하는 미국인들은 다 처단해야 한다. '메카시즘'이라고 불리는 이른바 '빨갱이 사냥' 열풍에 메르카토르 지도는 본질과 완전히 동떨어진 채로 그렇게 이용되고 있었다.

1500년대 사람으로 지리학자이자 지도 제작자였던 메르카토르는 북극과 남극을 표현하지 못하는 이상한 지도를 새롭게 선보였다. 공 모양 지구에 종이를 원통처럼 두른 형태라서 적도 지방만 실제와 비슷할 뿐이고, 북쪽이든 남쪽이든 실제보다 조금씩 면적이 커지게 표현되므로 북극과 남극에 이르러서는 그 넓이가 무한대까지 확장된다. 메르카토르 지도는 이런 치명적인 단점을 가릴 수 있는 커다란 장점이 있었는데, 항해 경로를 직선으로 알기 쉽게 표현할 수 있다는 점이었다. 극지방은 표현할 수 없지만 그쪽으로 가는 항해자들이 없었기에 문제될 것이 없었다. 목적지까지 이 지도만 보고 가면 비록 최단 거리는 아니어도 확실하게 닿을 수 있었기에 낯선 경로를 안전하게 가려는 항해자들에게는 매우 인기가 많았다. 3차원인 지구를 2차원 평면에 옮기려면 면적의 정확성을 높이거나 방향(각도)의 정확성을 높이거나 둘 중 하나를 선택해야 한다. '정적 도법'으로 면적을 택하면 방향이 어긋나고 '정각 도법'으로 방향을 택하면 면적이 왜곡된다. 방향을 선택한 메르카토르 지도는 바다의 베스트셀러가 되었고 어느새 일반인들에게도 가장 친숙한 지도가 되었다. 소련과 미국의 교실에서 전혀 다른 목적의 선전 도구로 활용된 것을 메르카토르가 보았다면 하늘에서 진노했을 듯하다.

소련이 붕괴되고 나서 옛 소련인들에게 자유가 찾아왔다. 단물을 빤 소수를 제외하고, 쓰디쓴 자본주의의 맛을 본 대다수의 옛 소련 사람들은 고통스러운 자유 대신 자유 없는 행복이 낫다는 사실을 깨달았다. 고통스러운 자유와 안락한 구속 중에 진실은 무엇인가. 공산주의 이상을 실현하는 데 실패한 전체주의 체제의 소련은 여러 전쟁과 미국과의 치열한 군비 경쟁 속에서 서서히 곪아 가며 무너지고 있었다. 특히 1950년대부터 시작된 미국과의 우주 개발 경쟁에 상상하기 어려운 막대한 자금이 투여되었는데, 천연 가스와 석유를 팔아서 그 비용을 충당하다가 1980년대 들어 유가가 폭락하면서 엄청난 경제 위기가 찾아왔다. 소련은 중앙 계획경제 체제였기에 모든 생산량을 국가가 통제했다. 필요한 만큼 생산하여 잉여도 부족도 없는 이상적인 상태를 이론적으로 지향했지만 실제로는 모든 물건들이 항상 부족했다. 생필품 부족은 더욱 심각했다. 겨울 부츠 하나를 구하려고 몇 년간 기다렸는데 막상 순번이 오면 맞는 사이즈가 없었다. 그런 일상의 불편과 실망들이 계속 누적되면 거대한 이데올로기도 무너지는 법이다.

작가의 또 다른 인터뷰 기록인 《세컨드핸드 타임》은 소비에트 시대의 종말을 지켜보았던 사람들의 이야기다. 작가 알렉시예비치는 만나는 이들에게 '자유가 무엇인지' 공통 질문을 했다. 일상의 대화까지 도청되는 시대를 살았던 사람들은 공포의 부재가 자유라고 대답했고, 어떤 이는 자유가 무엇인지 생각하거나 고민할 필요가 없는 상태를 자유로 규정했다. 사람에게 필요한 것은 자유가 아니라 빵, 양파, 비누라고 대답하는 사람도 있었다. 자본주의를 열망하며 소련의 공산주의를 비웃던 젊은 세대들은 자본주의가 가져다준 쓰라림을 경험하고부터는 오히려 겪어 보지도 않은 소련 시절을 동경하며 공산주의 체제 부활을 열망했다. 19세부터 30세 젊은이들에게 가장 위대한 정치가가 누구냐고 물어보면 놀랍게도 '스탈린'이 항상 압도적인 1위를 차지한다. 소련 붕괴 이후 그 시대의 가치관 혼란을 보여 주는 한 장면이다.

고통스러운 자유와 자유 없는 행복 중에 무엇을 선택할지 물어보면, 그 둘을 모두 경험해 본 사람들은 기꺼이 자유 없는 행복을 선택했다. 그것을 보고 자유 없는 삶에 행복이 무슨 의미냐고, 비민주적인 잘못된 결정이라고 조언하거나 비난할 수는 없다. 작가는 공산당 고위 간부였던 인물과 인터뷰를 했는데, 그 간부는 진실을 찾고 규명하는 것은 학자나 판사 같은 전문가들이 할 일이니 욕망이나 감정에 휩쓸리는 일반인들의 말에 너무 현혹되지 말라며 경고하듯 충고했다. 그렇지만 작가 알렉시예비치가 찾으려고 했던 진실이 바로 그것이다. 욕망이나 감정에 휩쓸리는 인간의 진실한 마음 말이다.

경제 개방 정책을 가리키는 페레스트로이카, 언론 자유를 가리키는 글라스노스트, 이 두 정책으로 대표되는 개혁 개방이 진행되었다. 미하일 고르바초프는 사회주의 안에서 개혁을 추진하고자 했지만 일단 터진 자본주의 물꼬를 제한적으로 막을 수는 없었고, 또 막을 생각도 없었다. 1991년 12월 26일 소비에트 연방에 소속되어 있던 열다섯 국가들의 독립이 승인되었고, 소비에트 연방은 해체되었다. 지난 일백 년 동안 소련 사람들은 자본주의 체제에 사는 사람들을 악마라고 불렀는데, 이제 그들과 같아지는 것을 기뻐하고 축하했다. 엘리베이터에 갇혔을 때 바라는 건 오직, 문이 열리는 것 하나뿐이다. 다들 문이 열리기만을 열망했다. 그런데 막상 문이 열리자 무엇을 해야 할지 몰랐다. 자유에 도취되었지만 자유를 얻을 준비는 안 되었던 것이다. 자본주의의 냉혹한 현실이 가계 경제를 휩쓸어 갔다.

아직 소련이 붕괴되기 전이던 1986년 4월 26일, 소련이 그동안 치러 왔던 것과는 차원이 전혀 다른 전쟁이 우크라이나 북부에서 터졌다. 병사들은 보이지 않는 적과 싸워야 했고, 주민들은 보이지 않는 적이 살포하는 독극물에 중독되어 서서히 죽어 갔다. 그 적은 바로 방사능이었다. 정전에 대비한 재가동 실험을 하던 중에 체르노빌 원전이 폭발했다. 방사능 낙진은 바람을 타고 북쪽에 인접한 벨라루스 쪽으로 날아갔다. 우크라이나와 벨라루스에 엄청난 유독성 물질이 퍼져 나갔다. 사고 소식을 보고받은 소련 당국은 사실을 은폐했으나 며칠 뒤에 스웨덴에서 이상 징후를 감지하고 세계와 정보를 공유했다. 서방 세계의 인공위성 네트워크가 작동하여 해당 지역을 조사했다. 사고 후에 즉시 주민들을 대피시켜야 할 소련 당국은 오히려 엄청난 유독성 물질들이 퍼져 있는 와중에 5월 축제를 강행시켰고 주민들은 그대로 방사능에 노출되었다.

추가 폭발과 오염을 막기 위해 광부들이 목숨을 걸고 원자로까지 이어지는 지하 터널을 뚫었다. 작업에 투입된 광부들은 대부분 사망했다. 지붕의 원자로 폭발 잔해를 치우기 위해 투입된 사람들은 '바이오 로봇'이라고 불렸다. 강력한 방사능 때문에 기계 장치 작동이 모두 멈춰 버린 곳에서 기계를 대신해 투입된 인간들이기 때문이었다. 이들은 엉성한 납 조끼를 걸치고 삽 하나를 든 채로 교대로 사십오 초씩 작업을 했다. 이들도 거의 다 사망했다. 유엔이 2005년 9월에 발표한 보고서에는, 체르노빌 원전 사고로 사망한 사람들이 약 4천 명에 이른다고 적혀 있다. 그렇지만 이 공식 기록은 진실과 거리가 멀다. 훨씬 많은 사람들이 목숨을 잃었다. 집과 병원에서 수개월 또는 수년에 걸쳐 많은 이들이 더 죽었다. 작가는 원전 사고로 인해 생명을 잃은 사람들이 적어도 수십만 명에 달할 것으로 추정한다.

십 년 뒤 체르노빌 사고 피해 지역을 취재하기 위해 서방의 어느 방송국 사람들이 피해 지역을 찾아갔다. 손님을 맞이한 여인은 기자에게 물 한 잔을 건넸다. 기자는 그 물을 사양하고 준비해 온 물병을 꺼냈다. 인터뷰가 오래 진행되자 여인은 식사를 준비했다. 취재진은 식사 제안을 정중히 거절하고 인터뷰를 서둘러 마무리지으며 떠났다. 여인에게는 그들에게 털어놓지 못한 이야기가 많다. 작가 스베틀라나 알렉시예비치는 그런 이야기를 들으러 가는 사람이었다. 같이 식사를 만들어 먹으며 긴 대화를 나누었다. 방사선에 노출되었던 여인이 출산 때를 회고하며 작가에게 말한다. "갓 태어난 딸은 아기가 아니라 살아 있는 자루였어요. 온몸이 구멍 하나 없이 다 막힌 상태였고, 열린 것이라곤 눈뿐이었죠. (…) 아이가 눈을 뜨고는 미소를 지었어요." 깊은 침묵이 흘렀다. 알렉시예비치는 침묵까지 들으려고 노력한다. 그의 책들에 '침묵한다'라는 지문이 자주 나오는 것은 그 때문이다. 자신이 미처 다 표현하지 못하는 그 침묵의 메시지를 어떻게든 전달하고자 한다.

방사성 물질의 독성은 몇 년 지난다고 없어지는 것이 아니다. 인간에게 피해를 주지 않는 상태가 되기 위해서는 수만 년이 걸리기도 한다. 방사능 피해는 유전되고 다음 세대에게 영향을 미쳤다. 아이들은 아주 어렸을 때부터 탈모라는 단어에 익숙하다. 아이들 사이에서 탈모는 흔한 일이기 때문이다. 학교 선생님들은 아이들이 공놀이를 하거나 장난을 치다가 교실 유리창을 깨면 기뻐했다. 왜냐하면 아이들은 평소에 놀이를 하거나 장난을 칠 만한 기력이 없기 때문이다. 전차 안에서 어느 소년이 노인에게 자리를 양보하지 않자 옆에 있던 다른 어른이 꾸짖었다. "네가 늙으면 아무도 양보를 안 해 줄 거야." 그러자 소년이 대답했다. "나는 안 늙어요." "안 늙는다니?" "우리는 곧 다 죽어요." 이런 곳이 당시 체르노빌의 벨라루스와 우크라이나였다.

체르노빌 사고 피해자들의 소원은 대체로 비슷한데, 바로 평범하게 죽는 것이다. 죽는 것이 소원이라니. 체르노빌 사고 피해자 중에는 아프가니스탄 전쟁에 참전했다가 무사히 살아 돌아온 군인도 있었다. 운명이 너무 가혹하다. 체르노빌 사고 십 년 후 벨라루스 사람들의 평균 수명이 55세로 줄었다. 체르노빌 사고로 가장 큰 피해를 당한 벨라루스에는, 일백 년 전 규모 7.0의 지진이 일어난 장소에 러시아가 시공을 맡은 새로운 원자력 발전소가 세워졌다. 역사의 진실에서 우리가 배운 것은 무엇일까.

*

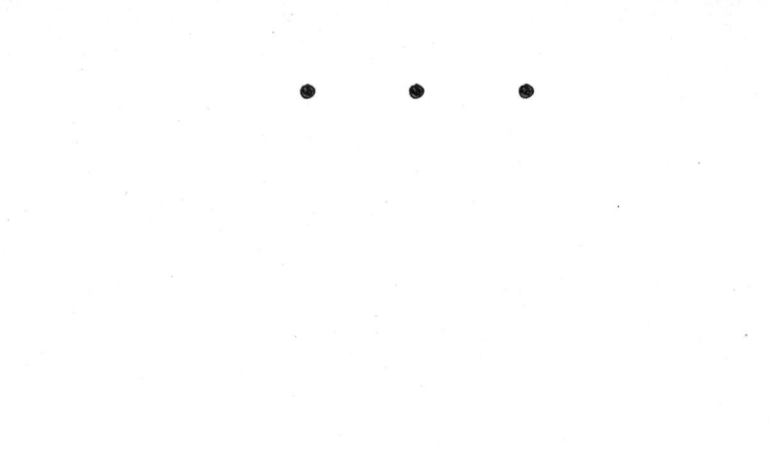

제2부

진실을 읽기 위하여

1
역사성을 토대로 문자 해독하기

유길준(1856~1914)의 《서유견문》에는 서양 학문의 역사를 간략히 설명하는 장이 있다. 유길준은 여기서 "포란시布蘭施(프란세스)와 배곤덕裵坤德(바콘데스)과 가도수哥道壽(카데스)"가 1600년대의 대표적인 서양 학자들이라고 적었다. 이 세 학자들은 누구를 가리키는 걸까? 한국어 번역본들에는 그대로 '프란세스와 바콘데스와 카데스'라고만 옮겼을 뿐 별도의 해설은 없다. 누군지 언뜻 감이 잘 안 오지만 주어진 언어 표현들을 단서로 활용하면 원뜻을 알 수 있을지도 모른다. 1600년대를 대표하는 서양 학자들을 따져 보면 '프란세스'와 비슷한 이름을 지닌 '프랜시스 베이컨'이 일단 유력한 후보로 떠오른다. 그런데 이상한 점이 있다. 보통 서양 사람의 이름을 언급할 때는 성과 이름을 함께 쓴다. 그리고 둘 중 하나만 써야 한다면 '프랜시스'가 아닌 '베이컨' 같은 성을 쓰는 것이 일반적이다. 그런데 유길준은 왜 성을 빼고 이름인 '프란세스'(프랜시스)만 적은 것일까? 서양 학술에 관한 글을 쓰면서 유길준이 그런 기본적인 표기 방식도 몰랐다고 보기는 어렵다. 더구나 《서유견문》의 다른 구절에는 이름 표기에서 이상한 점이 없다.

그러면 유길준이 일반적인 방식대로 '프랜시스 베이컨'이라고 성과 이름을 나란히 적었다고 가정하고서 해당 구절을 원음에 가깝게 표기한 '프란세스/바콘데스/카데스'를 다시 살펴보자. '프란세스' 바로 다음에 '바콘데스'가 보인다. '프란세스'를 '프랜시스 베이컨'이라고 보면, 뒤에 나오는 '바콘데스'의 '바콘'은 '베이컨'Bacon인 듯하다. 그러면 '데스'는 왜 붙어 있는 것일까? 서로 떨어져 있는 '프란세스'와 '바콘'이 원래는 연결된 것이듯, '데스'와 '카데스'도 하나로 연결해 보면 어떨까. 둘을 합쳐 보면 '데스카데스'가 되는데 이 발음이 나는 로마자 표기를 추정해 보면 'Descades' 정도로 쓸 수 있을 것이다. 이제 이름이 이와 비슷한 1600년대의 유명한 학자를 찾아본다. 그러면 보일 것이다. 대표적인 근대 사상가인 데카르트Descartes다. 철자가 매우 비슷한데 이 프랑스 어를 영어식으로 발음하면 '데스카데스'와 엇비슷한 '데스카테스'처럼 될 것이다. 이는 유길준이 미국에서 유학하며 서구 학술과 사상 정보를 영어로 배웠기 때문이기도 한데, 그러다 보니 《서유견문》에는 서양의 인물들 이름이 영어권 표기를 기준으로 적혀 있다. 철학자 플라톤의 이름을 그리스 어 발음이 아닌 영어식으로 '필뢰토'弼賴土(Plato)

라고 표기하고, 시인 호메로스 이름도 영어식으로 '호매'胡邁 (Homer)라고 표기한 것만 봐도 알 수 있다. 유길준이 적은 1600년대의 대표적인 학자들 '프란세스, 바콘데스, 카데스'는 세 사람이 아니라 '프랜시스 베이컨과 데카르트' 두 사람을 가리키는 것이었다. 처음엔 무슨 말인지 막막했지만 몇 가지 단서를 활용해 원뜻을 추정해 볼 수 있었다.

우리는 한국어 문장에서 '은/는' '이/가' '을/를'을 구별하여 쓰는 규칙을 안다. 받침이 없는 글자 뒤에는 주격 조사 '가'를 쓰고 받침이 있는 글자 뒤에는 주격 조사 '이'를 쓴다. 예컨대 채소 이름 '오이' 다음에는 '가'를 붙이고 '호박' 다음에는 '이'를 붙인다. 또 '오이를/호박을'처럼 받침이 없는 글자 뒤에는 목적격 조사 '를'을 붙이고 받침이 있는 글자 뒤에는 목적격 조사 '을'을 붙인다. 이를 거꾸로 생각하면, '가' 또는 '를'이 붙은 바로 앞 글자가 가려져 보이지 않는다면 적어도 받침이 없는 글자라는 점까지는 추정할 수 있다는 말이 된다. 국한문 혼용체로 작성된 조선 말기 문서들의 한자 단어를 읽을 때도 이 기준을 적용할 수 있다. 뒤에 붙은 조사를 알면 해당 한자의 발음에 받침이 있는지 없는지 알 수 있는 것이다.

장지연(1864~1921)의 《시일야방성대곡》은 을사조약 체결에 대한 울분을 토로한 논설문이다. "안타깝도다, 저 개돼지만도 못한 이른바 우리 정부의 대신이라는 자들이 영리에 눈이 멀고

으름장에 겁을 집어먹어 우물쭈물하며 벌벌 떨다가 나라 팔아먹는 도적놈이 되기로 작정한 것이다"라는 대목이 나온다. 국한문 혼용으로 되어 있는 원문의 '겁을 집어먹어'에 해당하는 구절이 "가하假嚇를 광겁恇怯하야"이다. 여기에 쓰인 글자 '嚇'는 한문 문장에서 웃음소리 '하'로 쓰이기도 하고 으를 '하'로 쓰이기도 하며 성낼 '혁'으로 쓰이기도 한다. 이 문장에서 이 글자를 성낼 '혁'이라고 설명하는 해설문들이 더러 있지만 이것은 잘못된 설명이다. 《시일야방성대곡》에는 목적격 조사인 '을'과 '를'이 모두 나오는데, 앞 글자 받침 유무에 따라 뚜렷이 구분되어 쓰이기 때문이다. 여기에는 '를'이 붙어 있으므로 바로 앞 글자가, 받침이 있는 '혁'이 아니라 받침이 없는 '하'라는 점을 유추할 수 있다. 따라서 '가혁'이 아니라 '가하'가 맞다. 이런 식으로 합리적인 근거를 들어 차근차근 유추하다 보면 암호 같은 문장들도 해독할 수 있다.

단재 신채호(1880~1936)가 작성한 《조선혁명선언》은 항일 투쟁 단체인 의열단의 선언문이며 국한문 혼용체로 작성되었다. 거기에는 다음과 같은 구절이 있다. "강도强盜 일본日本의 구축驅逐을 주장主張하는 가운데 또 여좌如左한 논자論者들이 있으니." 여기서 '여좌如左한'이라는 말은 직역하면 '왼쪽과 같은'이라는 뜻일 텐데 왼쪽에 뭐가 있다는 건지 처음엔 이해하기가 어려웠다. 그러고 나서 잊고 있었는데 어느 날 우연히 독립기념관 웹사이트에 실린 《조선혁명선언》 원본을 보게 되었다. 당연하게도 당시의 기록은 세로쓰기로 되어 있었다. 세로쓰기 문장은 오른쪽에서 왼쪽으로 읽는 것이 올바른 순서이기 때문에 '왼쪽과 같은'이란 말은 아직 읽지 않은 왼쪽 부분, 즉 '다음과 같은'이라는 말이었다. 이를 계기로 '원문'이 곧 '원본'이라고만 여겼던 기존 관점을 조금 더 수정하고 보완할 수 있었다. 올바른 문서 해독을 위해서는 내용만 봐서는 안 되고 원본의 형식까지도 두루 살펴보아야 하는 것이다. 그래야 글의 실체에 접근할 수 있다.

세로쓰기로 작성된 조선 시대 한문 문헌이나 국한문 혼용체 문헌을 보다 보면, 어떤 행에서 글자가 다 차지도 않았는데 뚝 끊겨 버리고 다음 왼쪽 행에서 새로운 문장이 시작되는 경우가 있다. 공백을 남겨 둔 채로 새로운 행을 시작하는 것인데, 이것은 왕을 언급하는 대목이 나오는 경우에 그렇다. 어떤 글자 밑에 왕의 이름이 오지 않도록 하기 위함이다. 왕의 이름은 다음 행의 제일 위에서 시작된다. 그러니까 그 공백에는 비록 글자가 없지만 '주상 전하 납시오!'라는 메시지가 들어 있는 것이다. 처음에는 낯설지만 이 암묵적 규범을 한번 이해하고 나면 그저 평범한 문장부호 같은 것이 된다.

더러 까다로운 경우가 있긴 해도 우리가 사용하는 문자로 작성된 문장의 뜻을 알아내는 것은 별로 난해한 일은 아니다.

그러면 어떤 문자인지 감조차 잡기 어려운 미지의 기호들 수천 자를 해독해 내야 하는 일은 어떨까. 1798년 프랑스는 영국의 세력 확장을 견제하기 위해 아프리카 원정을 감행했다. 특이 사항이라면 원정에 군사들만 간 것이 아니라 고고학, 지리학, 생물학 등 여러 분야의 학자들이 동행했다는 점이다. 이듬해 나일 강 하류 삼각지의 로제타 지역에서 요새를 구축하던 중에 1.2미터짜리 고대 이집트 비석이 발견되었다. 비석의 비범함을 알아챈 포병 장교가 언어학자에게 보고했던 것이다. 비석에는 삼 단으로 나뉘어 두 종류의 이집트 문자와 그리스 문자가 새겨져 있었다. 가장 아랫단의 그리스 어는 바로 해석이 되었지만 이집트 문자들의 해석은 좀처럼 이루어지지 못했다. 어떻게 접근해야 할지 언어학자들에게도 막막했기 때문이다.

로제타 석은 협정에 따라 영국에 몰수되어 대영박물관에 소장되었으나, 프랑스가 미리 탁본을 떠 놓았고 이 내용을 모두 공개했기 때문에 해독 연구는 완전히 공개적으로 이루어졌다. 유럽 최고의 언어학자들이 모두 매달렸으나 로제타 석 문자를 다 해독하는 데 이십 년이 넘게 걸렸다. 아랫단을 이루는 그리스 어 부분이 해석된 후, 중간 단을 이루는 난해한 '민중 문자' 부분을 해석하는 데 가장 큰 기여를 한 인물은 영국의 의사이자 과학자인 토머스 영(1773~1829)이다. 토머스 영은 과학사에서 아주 유명한 '이중 슬릿' 실험을 한 장본인이다. 빛이 입자라면 미세한 두 틈새를 통과하고 나서 건너편 배경에 두 줄의 빛 줄기를 남겨야 할 것이다. 그런데 이상하게도 빛 무늬는 여러 줄로 나타났다. 이는 빛이 물결 같은 파동의 성질을 지닌 것이라서 서로 부딪치면서 새로운 잔물결들을 만들어 냈기 때문이다. 그는 빛이 파동의 성질을 지녔음을 입증했다.

토머스 영은 과학적 재능뿐 아니라 외국어 능력도 뛰어났다. 그는 고대 언어를 해석하고 분석하는 일에 열정을 쏟았고 로제타 석을 해독하기 위해 엄청난 노력을 기울였다. 그러나 로제타 석 상단의 이른바 '성각 문자' 영역은 끝내 해독하지 못했다. 토머스 영을 비롯한 학자들은 그림처럼 생긴 성각 문자가 뜻을 표현하는 표의 문자일 거라고 믿었다. 그림 기호가 표음 문자일 거라는 생각은 아무도 하지 않았다. 알파벳 같은 표음 문자로 간주하면 도무지 말이 안 되기 때문이었다. 해독을 가로막았던 주된 요인 중 하나는 그 문자가 성스러운 문자라서 내용 또한 성스러운 것들이 담겨 있을 것이라는 선입관이었다. 나중에 해독된 것을 보면 그 내용은 신성한 것들이 아니라 백성들의 삶과 관련된 것들이었다.

프랑스 고고학자 장프랑수아 샹폴리옹(1790~1832)은 기존의 관점에서 벗어나 그 두 특성이 섞여 있을지도 모른다고 생각했다. 토머스 영보다 훨씬 늦게 연구에 뛰어들었으나 결국 가장 난해한 부분을 해독해 냈다. 우리가 난해한 한문 문장을 해석할 때도 어떤 구절이 사람 이름이라는 점만 알아도 이해하기가 훨씬 더 수월해진다. 예컨대 《논어》에서 공자들의 제자들, 공자가 존경했던 인물들, 기타 여러 인물들의 이름을 알면 문장을 읽어 내기가 무척 쉬워진다. 이미 해독된 그리스 어 부분은 프톨레마이오스 5세가 백성들에게 중요한 정책을 포고하는 내용을 담고 있는데, 그리스 왕이 속국인 이집트 백성들에게 그 내용을 알리기 위해 두 가지 언어의 번역문을 함께 공지하는 것임을 추정할 수 있다. 샹폴리옹은 왕을 일컫는 '프톨레마이오스'에 해당하는 성각 문자를 찾는 데 집중했다. 이것만 정확히 알면 그것을 단서로 차근차근 미지의 기호들도 풀 수 있을 것이기 때문이다.

비문 중에는 특이하게 타원형 테두리가 쳐진 글자들이 있었는데, 여섯 번 반복되는 것으로 보아 이것이 왕의 이름일 거라고 가정했다. 이것은 올바른 가정이었다. 조선시대 문헌에 문장이 도중에 툭 잘리고 새로운 문장이 시작된다면 그 새로운 행의 첫 단어가 왕을 가리키는 것이라고 했다. 로제타 석에서도 비슷한 역할을 하는 기호가 있었던 것이다. 샹폴리옹은 가능한 모든 경우의 수를 따져 보며 음가를 알아내려고 했다. 그러던 중 일부는 표음 문자로 간주하고 일부는 표의 문자로 대입을 해 보았더니 딱 떨어지는 경우가 발견되었다. 드디어 서광이 비쳤다. 이제는 왕비 클레오파트라(로마사에 등장하는 클레오파트라와는 다른 인물)에 해당하는 표기를 찾아 같은 방식으로 풀어 보았다. P, O,

L 세 글자의 음가에 해당하는 성각 문자를 알아냈다. 그러고는 비석에 적힌 스물 일곱 명의 이집트 왕들 이름을 차근차근 분석하여 서로 공통된 부분들을 대조한 결과 마침내 모든 알파벳 음가들에 대응하는 글자들을 모두 찾아낼 수 있었다.

이 작업은 약 이십 년이 걸렸다. 그런데 로제타 석의 문구가 작성된 것보다 훨씬 옛날에 기록된 중국 상商(은나라)의 갑골문이 중국에서 19세기 말에 출토되고 나서 이를 해독하기까지는 두 달밖에 안 걸렸다. 갑골문이 고대의 한자라는 점을 연구자가 직감적으로 알았기 때문이다. 문자의 기본 속성을 아느냐 모르느냐 차이가 그렇게 중요한 것이다. 진실 규명 작업에는 방향 설정이 이토록 중요하다. 방향을 올바로 잡지 못하면 수많은 허송세월을 보낼 수밖에 없다. 후대인들은 이집트 로제타 석 해독에 헌신한 토머스 영과 장프랑수아 샹폴리옹의 업적을 기리기 위해, 달 분화구들에 두 사람의 이름을 붙였다. 달은 이집트 신화에 나오는 토트(테오트) 신의 영역이다. 토트 신은 지식과 진리를 관장하는 신으로서 성각 문자의 창안자라는 전설이 내려온다. 토트 신은 이집트 사람들에게 '말과 글을 주신 분'이다. 샹폴리옹은 성각 문자를 성공적으로 해독하고 나서, 비문을 해독한 성과보다 고대 이집트의 연대기를 구체적으로 밝혔다는 점이 더 기쁘다고 말했다. 샹폴리옹의 말처럼 로제타 석 해독을 계기로 고대 이집트 역사 연구의 새로운 장이 열렸다. 언어 분석이 고대사를 향한 진실의 문을 활짝 연 것이다.

자, 해석과 해독이 끝난 어떤 문서가 있다고 치자. 그런데 이 문서가 특정 목적을 위해 조작된 거라면 어떨까. 그 문서가 조작된 것이라면 그것을 어떻게 입증할 수 있을까? 고문서학은 역사 문헌의 내용과 형식을 잘 비교하여 문서의 진본 여부를 밝히고 확정하는 학문으로 17세기의 수도사 장 마비용(1632~1707)이 창시했다. 장 마비용은 내용은 물론이고 편집 형태, 문서의 재질, 잉크 종류, 장식 문양 스타일 등 형식적 요소들을 종합적으로 분석하여 문서의 진위를 판별하는 기준들을 제시했다. 장 마비용이 모범으로 삼았던 학자는 인문학자 로렌초 발라(1407~1457)였다. 로렌초 발라 시대에 교황청의 권위에 맞선다는 것은 목숨을 걸 만큼 무모한 일이었는데, 로렌초 발라는 교황청의 권위에 아랑곳하지 않고, 교황청이 오랜 세월 동안 신성시했던 콘스탄티누스 황제 기증장이 위조 문서라는 점을 밝혀냈다. 콘스탄티누스 황제 기증장이란 로마 황제였던 콘스탄티누스 1세(재위: 306~337)가 로마 교회에 제국의 영토를 바친다는 것을 서약한 문서다. 시인 단테(1265~1321)가 지은 《신곡》'지옥편' 제19곡 115행부터 관련 내용이 나온다. "아, 콘스탄티누스여. 그대의 개종이 아니라 처음 부유해진 교황이 그대로부터 받은 봉물이 얼마나 큰 악의 어미가 되었던가!"

탄압받던 기독교에 관용령을 내린 로마 황제 콘스탄티누스는 자신도 기독교로 개종하면서 로마의 세계 지배권을 교황에게 바친 것으로 알려져 있었다. 콘스탄티누스 기증장은 그것을 공식적으로 천명한 문서로서, 황제권이 아무리 높다 해도 언제나 교황권 아래에 있음을 입증하는 중요한 사료가 되었다. 단테 역시 그러한 역사적 배경을 바탕으로, 황제 콘스탄티누스의 고고한 뜻을 저버린 후대의 타락한 교황들을 비판했던 것이다. 여러 시대에 걸쳐 황제권과 교황권이 충돌할 때면 이 기증장이 등장하여 교황권의 우위를 입증해 주었는데, 사실 이 기증장은 황제 콘스탄티누스가 작성한 것이 아니었다. 로렌초 발라는 이 문서가 후대에 교황청 내부에서 조작한 거라는 점을 입증했다. 로렌초 발라는 어떻게 그것을 밝혀냈을까?

우리 주변의 쉬운 사례를 통해 한번 생각해 보자. '도우미'라는 말은 사용 빈도가 차츰 낮아지고 있긴 하지만 '도우미 선생님'처럼 일상 영역에서 여전히 흔하게 쓰이고 있다. 이 말은 1993년에 열린 세계박람회 대전엑스포의 자원봉사자와 안내 요원들을 가리키는 말로 처음 사용되었다. 엑스포를 준비하는 과정에서 대국민 공모로 이름이 결정되었고, 개최를 앞두고 언론 매체를 통해 알려지지 시작했다. 처음에는 생소했지만 기관과 매체의 대대적인 홍보 덕분에 빠르게 대중 속으로 스며들었다. 물론 1993년 이전에는 전혀 사용하지 않았던 표현이다. 따라서 가령 1980년대에 작성된 공문서에서 '도우미'라는 용어가 발견된다면 진짜 문서인지 의심을 해 볼 만하다. 가짜일 확률이 매우 높다. 그러면 역사 영역으로 시간대를 좀 더 넓혀 보자. '신사유람단'이라는 용어는 작가이자 역사학자인 최남선이 지은 《조선역사》(1931)에 처음 나타나는데, 그가 역사를 서술하면서 만든 말이다. 따라서 1800년대의 어떤 문헌에 '신사유람단'이라는 단어가 들어가 있다면 그 문서는 위조라고 판단해도 무방하다. 창작자가 뚜렷한 용어이기 때문이다. 1700년대에 조선에서 작성된 것으로 추정되는 문서에 '귀납'이나 '연역' 같은 용어가 들어가 있다면 그 문서는 조작된 것이다. '귀납'이니 '연역'이니 하는 용어는 1874년에 일본에서 설립된 메이로쿠샤라는 학술 단체에 소속된 학자 니시 아마네가 한자를 조합해 만든 인위적인 신조어이기 때문이다. 따라서 1874년 이전에는 그 용어가 쓰였을 리가 없다. '인문학'이나 '철학'도 그가 만든 번역어라서 1800년대 후반이 되어야 여러 문헌에 등장하기 시작한다. 로렌초 발라가 했던 작업도 이런 것에서 출발했다. 사용 시기가 비교적 명확한 단어들을 잘 따져 보면 그 문서가 작성된 시기를 추정할 수 있다는 것이다.

'태조', '태종' 같은 명칭은 왕의 사후에 붙이는 것이다. 따라서 어떤 문헌에 '세종'이라는 용어가 나온다면 작성 시기는 세종 재위 기간일 수가 없고 그 이전일 수는 더더욱 없다. 중국의 마왕퇴(마왕의 무덤) 유적에서 다양한 《노자》 판본들이 발견되었다. 첫 번째 판본의 서지 사항에는 한나라를 세운 한고조(유방)의 본명인 '방'이 적혀 있다. 황제의 이름은 황제 자신 말고는 그 누구도 함부로 말하거나 적지 못했으므로 이 판본은 한고조 즉위 이전이라고 추정할 수 있다. 그다음 판본에는 한고조의 본명을 의도적으로 피하여 다르게 표현한 것으로 미루어 보건대, 한고조 즉위 이후의 문헌이라는 점을 추정할 수 있다.

대한민국 경기도의 '남양주'는 1980년에 '양주군'에서 분리된 행정 구역이므로, 공문서에 '남양주'라는 지역 명칭이 나온다면 그 공문서는 적어도 1980년 이후에 작성된 것이라고 추정할 수 있다. 신라 승려 혜초(704~787)가 인도 지역을 두루 답사하고 아랍 지역까지 다녀온 다음 작성한 기행문인 《왕오천축국전》은, 그 작성 시기를 추정할 때 '남양주'와 비슷한 방법이 쓰였다. 《왕오천축국전》을 발굴한 프랑스의 탐험가이자 고고학자인 폴 펠리오(1878~1945)가 스승인 세나르에게 보낸 1908년 3월 26일자 편지에 이런 내용이 있다. "이제 저는 빠진 것 하나를 첨가할 수 있게 되었는데 그것은 혜초의 여행이 서기 700년 이전이었을 리가 없다는 사실입니다. 왜냐하면 사율이라는 명칭은 측천무후 치세 이후에야 자불리스탄 지방에 대한 명칭으로 사용되었기 때문입니다".

《왕오천축국전》이 승려 혜초가 지은 기록이라는 점은 발굴 후에 바로 알려졌지만 그가 어느 나라 승려인지는 여전히 의문으로 남았다가, 일본 학자 다카쿠스 준지로가 당나라에서 활동했던 신라 승려임을 밝혔다. 여행기에는 '림'林을 그리워하는 시가 나오는데, 그 시의 한 구절인 "누가 소식 전하러 계림으로 날아가리"(수위향림비誰爲向林飛)에서 '림'이 신라의 별칭인 '계림'을 줄여서 일컫는 말이다. 다카쿠스 준지로는 문서 안팎의 정보들을 종합해 혜초가 신라 승려임을 밝혔다. 당시에 신라는 당으로 불승과 유학생들을 많이 파견했고 혜초도 그들 중 하나였다. 소년 시절에 당나라로 유학을 떠나 그곳에서 과거까지 급제한 인물인 최치원은 이때의 유학 열기를 이렇게 묘사했다. "무릇 길이란 멀다고 사람이 못 가는 법이 없고, 사람에게는 이국이 따로 없다. 그렇기 때문에 동쪽 나라(신라) 사람들은 승려이건 유자이건 간에 반드시 서쪽으로 대양을 건너서 몇 겹의 통역을 거쳐 말을 통하면서 공부하러 간다." 혜초는 사 년(723~727)에 걸친 인도 여정을 마감하고 장안으로 돌아왔으며, 당으로 돌아온 뒤에는 신라로 가지 않고 중국 북동부의 오대산 선유사에서 여생 동안 수행했다.

성립 시기가 뚜렷하게 알려진 '사율'이라는 명칭이 사용되었다는 점에 착안해 《왕오천축국전》의 작성 연대를 되짚어 갔던 펠리오의 분석은 옳았다. 펠리오가 사용한 방법을 처음 정립한 사람이 로렌초 발라다. 로렌초 발라는 언어가 지혜를 밝히는 원천이라고 굳게 믿었다. 인간 문화는 언어에 의해 형성되므로 수사학, 문법 등 언어학이 인간을 진리로 이끄는 데 철학이나 논리학보다 더 중요하다고 믿었다. 콘스탄티누스 기증장의 위조 가능성을 처음 제기한 인물은 신학자이자 철학자인 니콜라우스 쿠자누스였다. 그렇지만 쿠자누스는 문서가 후대에 새로 작성되었을 가능성을 제기한 것이지 내용 자체는 의심하지 않았다.

로렌초 발라는 심혈을 기울여 완벽하게 작성되었어야 할 황제의 문서에 허술한 부분이 많은 것에 주목했다. 어울리지 않는 조악한 문체와 모순적 내용, 시제 불일치, 애매한 구절, 중언부언, 시대에 맞지 않는 용어 사용 등을 면밀히 분석한 결과, 서기 324년에 황제 책임 아래 작성된 문서일 수 없다는 결론에 도달했다. 콘스탄티누스를 황제가 아니라 왕이라고 지칭한 점이 수상했고, 당시에 천으로 제작되었던 교황관(티아라, 삼중관)이 '황금과 보석'으로 이루어졌다고 표현한 점도 수상했으며, 황제 복장에 대한 이해가 형편없다는 점도 수상했다. 총독을 비롯한 고위 공직 계급을 가리키는 '사트랍'이라는 용어는 제정된 시기가 딱 정해져 있는 것이라서 그 전에는 쓰이지 않았음이 명백한데도, 용어가 창안되기 수백 년 전인 콘스탄티누스 황제 재위 중에 그 용어가 쓰였다는 점 역시 수상했다. 무엇보다 위조 문서임을 확신케 하는 결정적인 단서는 '콘스탄티노폴리스'(영어식 명칭은 콘스탄티노플)라는 도시 이름을 사용했다는 점이다. 콘스탄티노플은 황제 사후에 황제를 기리기 위해 '비잔티움'이었던 도시 이름을 바꾸며 성립된 것이기 때문이다. 우리는 이미 알고 있는 것을 최대로 활용하여 아직 알려지지 않은 것을 알아낸다. 그것을 '학적인 탐구 방법'이라고 부른다. 로렌초 발라는 학적 탐구 과정의 빛나는 이정표 하나를 세웠다. 언어는 진실의 세계로 통하는 문이다.

2
흔적으로 실체 상상하기

사건과 실체는 흔적을 남긴다. 사냥꾼들은 숲길에 난 발자국들을 유심히 보면서 어떤 짐승의 것인지, 몸집은 어느 정도인지 어느 쪽으로 갔을지 추정한다. 동물학자들도 마찬가지라서 발자국, 똥이나 펠릿(먹이를 삼키고서 소화가 안 되는 것을 다시 뱉어 낸 것) 같은 배설물로 동물의 서식 습성과 생태를 파악하거나, 동식물 사체에 남아 있는 탄소 성분을 분석하여 생존했던 시기를 대략적으로 알아낸다. 수십만 년까지는 알아내지 못하지만 수만 년 전에 살았던 흔적 정도는 충분히 알아낼 수 있다.

고생물학자는 바닷가 암석에 찍힌 발자국 화석을 보며 공룡의 크기와 모습을 추정한다. 육안으로만 관찰하는 것이 아니라 더 정밀한 기술도 활용한다. 공룡 화석이 많이 발견되는 지층에는 이리듐 원소가 많이 발견되는데, 신기한 것은 이리듐이 지표면에서는 거의 발견되지 않는 희귀 물질이라는 점이다. 그러면 지표면의 그 많은 이리듐은 다 어디서 온 걸까? 과학자들은 우주에서 왔다고 추정한다. 우주에서 지구로 날아온 운석에는 보통 다량의 이리듐이 포함되어 있기 때문이다. 따라서 대규모 운석 충돌이 공룡을 절멸시켰다고 보는 관점이 공룡 멸종설 중에서 현재로서는 설득력이 가장 높다. 한마디로 운석이 지구에 떨어지며 남긴 흔적을 추적하여 멸종 원인을 규명하려는 것이다.

우리는 눈에 보이는 작은 단서를 통해 눈에 보이지 않는 실체를 파악하려고 한다. 고대인들은 달이 차고 이지러지는 것을 보며 어떤 것의 둥근 그림자가 달에 비치는 것 같다는 생각을 했고, 그 둥근 물체가 우리가 사는 지구일지도 모른다고 상상했다. 그리고 지구가 커다란 원형일지도 모른다는 생각이 점점 자리잡기 시작했다. 고대 그리스의 천문학자 에라토스테네스는 지구가 원형이라는 사실을 확신하고, 같은 시간대의 각기 다른 두 지역의 그림자 각도를 측정하여 지구 둘레의 길이를 실제와 매우 비슷한 값으로 계산했다. 기하학은 알려진 적은 정보를 이용하여 미지의 값을 구하는 수학적 방법이다.

논리적 추론이 가능하려면 기본 정보 정도는 알고 있어야 하는데, 단서가 될 만한 정보가 너무 적은 경우에는 설득력 있는 해석까지 가지 못하고 단순한 추정 정도로 그쳐야 할 때가 있다. 규장각을 세워 학문을 장려했으며 공부를 좋아했던 조선의 제22대 왕 정조(1752~1800)는 한문 문장을 자유자재로 구사했고 글도 잘 썼다. 평소에 정적이나 다름없는 노론의 지도자인

우의정 심환지에게 비밀 편지를 이백구십구 통이나 보낸 사실이 나중에 밝혀졌다. 모두 한문으로 작성되었는데, 심환지에게 정사년(1797) 4월 11일에 보낸 정조 편지에는 '뒤죽박죽'(뒤죽박죽)이라는 느닷없는 한글 표기가 적혀 있다. 왜 굳이 그런 표현을 썼는지 후대인들은 도무지 알 길이 없다. 그저 '뒤죽박죽'이라는 낯선 문구 하나를 보며 작성자의 의도를 이리저리 추정할 뿐이다.

해석의 단서가 조금 더 드러난 경우도 있다. 정조 대의 실학자 이덕무는 당대 최고의 문장가들을 언급하며 "문장은 박지원, 시는 이광려"라고 말한 적이 있다. 특히 이광려에 관해서는 "시가 아름답고 무거우며 깊고 깨끗하여 온 나라에 이름났고 당세 제일"이라고 칭송했다. 연암 박지원의 아들 박종채가 쓴 《과정록》에 당대의 문장가인 아버지가 당대의 시인으로 손꼽히던 이광려를 만난 일화가 실려 있다. 아버지가 이 공에게 물었다. "그대는 평생 공부를 하셨는데 아는 글자가 몇 자나 되지요?" 사람들이 모두 깜짝 놀랐다. '이 공이 글 잘하고 박식한 선비라는 걸 모른단 말인가!' 이 공은 한참 생각하더니 말했다. "기껏해야 서른 자 남짓 아는 것 같군요." 사람들이 또 한 번 깜짝 놀랐지만, 그 말이 무슨 뜻인지는 아무도 알지 못했다. 단 한 사람 박지원만은 그 말뜻을 이해했는지, 그 후로 자주 만나며 친분을 쌓았다고 한다.

박지원은 왜 그런 질문을 했고, 이광려는 왜 그렇게 대답했던 것일까? 5만 자가 넘는 한자들을 활용해 한시를 자유자재로 썼던 이광려는 왜 '서른 자 남짓'밖에 모른다고 대답했던 것일까? 박종채의 《과정록》에도 설명은 나오지 않는데, 여러 정황들을 활용해 잠정적으로나마 그 뜻을 짐작해 보는 수밖에 없다. 이광려의 글을 모은 《이참봉집》에는 그가 지은 시 삼백이십육 수가 연대순으로 실려 있다. 이광려는 '참봉' 벼슬을 받았으나 공직에 나가지 않은 채 재야에서 가학家學으로 전수받은 학문과 수행, 그리고 창작에만 힘썼다고 한다. 당대 모든 시인들이 그러했듯 그 역시 정해진 시 형식들을 따랐다. 칠언절구는 일곱 자로 된 네 행, 즉 스물여덟 자(7×4)로 이루어진다. 오언율시는 다섯 자로 된 여덟 행, 즉 마흔 자(5×8)로 이루어진다. 대략 평균을 내면, 그는 서른네 자를 이용해 시를 지은 셈이다. 항상 '서른 자 남짓' 되는 한자들을 다루는 선비인 것이다.

이광려가 '서른 자 남짓'을 안다고 말한 것은 '서른 자 예술'인 한시를 안다는 말인 듯하다. 즉 당신(연암 박지원)만큼 산문을 잘 짓지는 못하지만 내가 '시문'은 좀 지을 줄 안다는 겸손한 답변이 아니었을까. 공부의 '양'에 관해 직설적으로 물은 산문가의 질문을, 공부의 '질'에 관한 은유적인 답변으로 바꾼 시인의 현답 같기도 하다. '서른 자 남짓'이라는 사실 기록이 있긴 하지만 당사자가 그 의미를 밝힌 기록이 따로 발견되지 않는 한 진실은 알 길이 없다.

　영국의 역사학자 존 아널드는 "역사(history)란 진실한 이야기(true story)"라고 정의한다. 역사는 사실의(true) 자료를 바탕으로 삼으면서도, 그 공백과 빈틈을 역사가의 해석(story)으로 채운다. '역사는 과거와 현재의 대화다'라는 말은 역사학자 E. H. 카가 말한 것이라고 널리 알려져 있다. 《역사란 무엇인가》에 나오는 실제 구절은 "역사는 사료들과 역사가 사이의 끊임없는 상호작용이며, 현재와 과거 사이의 끝나지 않는 대화다"인데, 축약된 경구와는 어감이 약간 다르다. 우리가 평소에 하는 일도 넓은 관점에서는 역사가의 일과 비슷하다. 우리는 사실의 파편들 사이를 이야기와 상상으로 채우면서 진실의 실체를 어림하여 그려본다. 화창한 날 태양을 맨눈으로 바로 보면 눈이 부셔서 제대로 안 보이지만, 옅은 구름이 끼면 강렬한 빛이 적당히 가려져 오히려 태양의 모양이 또렷이 보인다. 정보량이 확 줄어들면서 오히려 진짜 모습을 더 잘 알 수 있게 되는 것이다. 어려운 개념에 접근할 때 비유적 설명이 도움이 되는 이치와 비슷하다.

　누가 트위터에 올린 강아지 비글의 그림자 사진을 보았다. 축 처진 귀와 삐죽 나온 주둥이, 작고 동그란 코, 영락없는 스누피의 실루엣이었다. 혹시 스누피가 비글인가? 하는 생각에 스누피의 작가 찰스 슐츠에 관해 검색해 보니 스누피의 정체는 작가가 어릴 적 키우던 비글이 맞았다. 실체는 자기 정체를 쉽게 드러내지는 않지만 우리를 향해 언뜻언뜻 그 윤곽을 드리운다.

엑스선으로 몸을 비추면 통과되지 않고 반사되는 부분이 하얗게 보인다. 구석구석 정밀하게 볼 수는 없지만 처음 도입되었을 때의 경이로움은 실로 엄청났다. 열어 보지 않고서도 몸속을 볼 수 있다니! 이 기술을 고안한 빌헬름 뢴트겐은 기술에 대한 특허를 신청할 권리가 있었으나, 인류가 공유해야 할 재산을 개인이 소유하는 것은 옳지 않다며 누구나 이 기술을 자유롭게 사용할 수 있도록 허락했다. 총탄이나 파편이 몸에 박혔을 때 빼내지 않으면 거의 다 죽음에 이른다. 그렇지만 위치를 잘 찾아서 빼내기만 하면 대부분 목숨을 건질 수 있다. 엑스선이 전쟁 중에 살린 생명은 수없이 많다. 평화 시에 살린 생명은 훨씬 더 많다. 어떤 물질에 엑스선을 쪼이면 물질마다 튕겨 나오는 각도가 제각각인데 똑같은 물질은 똑같은 각도로 엑스선을 튕겨 낸다. 물질마다 고유하고 일정한 이 각도만 잘 파악하면 어떤 구조로 이루어진 물질인지 알아낼 수 있다. 결정 구조를 파악하는 이 방법을 '엑스선 회절 분석'이라고 한다. DNA가 이중 나선으로 꼬여 있는 구조라는 것을 밝힌 것도 이 기술이다.

번역가 신견식이 쓴 에세이 《언어의 우주에서 유쾌하게 항해하는 법》에는 검정을 뜻하는 영어 단어 '블랙'black과 하양을 뜻하는 프랑스 단어 '블랑'blanc의 어원이 같다는 것을 알았을 때의 놀라움을 회고하는 구절이 있다. 흑과 백을 각기 의미하는 두 단어 '블랙'과 '블랑'은 모두 '불태운다'는 뜻을 지닌 같은 말에서 나왔다고 한다. 뭔가를 불태우면 하얗게 밝은 빛이 생기지만 다른 한쪽은 검게 변한다. 같은 것에서 하나는 하양이 되고 다른 하나는 검정이 되었다. 불타던 것에 주목할 수도 있고 타들어 가는 것에 주목할 수도 있다. 정반대처럼 보이는 것이 실제로는 같은 것의 두 측면인 경우들이 있다. 시간과 공간도 그렇고 전기와 자기도 그렇다. 원기둥의 그림자는 빛을 아래에서 비추면 원 모양이 되고, 빛을 옆에서 비추면 직사각형이 된다. 빛을 비추는 각도에 따라 그림자 모양이 달라진다. 그러니 우리가 사각형 그림자를 보았을 때 그 물체가 각진 것이라고 섣불리 단정하면 안 된다. 원기둥에는 각진 곳이 없기 때문이다. 눈앞에 보이는 게 다는 아니라는 격언은 이 대목에 잘 어울린다.

대전에 출장을 갔다가 우연히 한국표준과학연구원 앞을 지나간 적이 있다. 정문에는 각기 다른 재질로 된 화강암, 벽돌, 철, 콘크리트, 알루미늄, 나무, 유리 기둥이 각기 다른 색깔과 빛을 내며 세워져 있었다. 이 재료들은 각각 어떤 보이지 않는 개념들을 형상화하고 있는데, 화강암은 물질량이라는 개념, 벽돌은 온도, 철은 시간, 콘크리트는 질량, 알루미늄은 전류, 목재는 길이, 유리는 밝기를 나타낸다. 정확히는 국제 표준단위계 일곱 개를 가리키는 것으로, 물질량의 표준 단위인 mol(몰), 절대 온도의 표준 단위인 K(켈빈), 시간의 표준 단위인 s(초), 질량의 표준 단위인 kg(킬로그램), 전류의 표준 단위인 A(암페어), 길이의 표준 단위인 m(미터), 밝기의 표준 단위인 cd(칸델라)를 의미한다.

왜 그런 재료가 선택되었냐면, 화강암은 여러 구성 요소로 이루어진 암석으로서 '물질량'을 상징하고, 벽돌은 도자기를 굽는 뜨거운 가마나 벽난로를 연상시키므로 '온도'를 상징하고, 철은 시간 흐름에 따라 모습이 쉽게 변하므로 '시간'을 상징하며, 콘크리트는 튼튼하고 묵직한 건축 재료로서 '질량'을 상징한다. 알루미늄은 전기가 잘 통하는 금속으로서 '전류'를 상징하고, 목재는 길이를 재던 자의 초기 재질이므로 '길이'를 상징하며, 유리는 빛을 잘 통과시키는 재료로서 '밝기'를 상징할 수 있기 때문이다. 표준 단위는 우리 일상 생활과 밀접하기 때문에 되도록 더 많은 사람들이 더 쉽게 개념에 접근할 수 있어야 존재 의미가 생긴다. 그런 점에서 한국표준과학연구원의 일곱 개 기둥은 대로변 한쪽에서 묵묵히 표준 단위 홍보대사 역할을 해 내고 있는 셈이다.

단위 개념은 눈에 보이지 않는다. 그래서 산불 뉴스를 전하는 뉴스 앵커는 눈에 보이지 않는 '헥타르' 개념을 시청자에게 더 잘 전달하기 위해 '축구장 하나'라는 눈에 보이는 대상에 빗대어, "오늘 임야 50헥타르가 불에 탔습니다. 축구장 50개 면적에 해당합니다"라고 말한다. 등산을 하다 보면 9부 능선쯤 올랐을 때 산등성이 너머에서 이쪽으로 넘어오는 바람을 느낄 수가 있다. 바람이 느껴진다면 정상이 멀지 않은 것이다. 바람은 눈에 보이지 않지만 우리는 그것이 있음을 안다. 제주도의 바람을 시각적 표현으로 기록하고자 했던 예술가가 있었다. 사진 작가 김영갑은 제주도에 정착한 후 생을 마칠 때까지 용눈이 오름의 바람을 찍고 또 찍었다. 흩어진 구름, 비스듬하게 누운 꽃과 풀, 초점을 맞출 수 없이 심하게 흔들리는 억새…. 바람은 사물을 통해서만이 자기 존재를 드러낸다. 인화한 사진들에서 바람이 보이기 시작했다. 천문학계에서 블랙홀 사진이라며 공개하는 사진도 블랙홀 사진이라기보다는 블랙홀로 빨려들기 직전의 주변 빛을 찍은 사진이다. 블랙홀은 보이지 않지만 주변의 빛으로 미루어 보면 그 실루엣 정도는 추정해 볼 수 있다.

지식 영역은 눈에 보이지 않는 개념들을 많이 다룬다. 비유는 비전문 영역과 전문 영역을 이어 주는 해설자이자 안내자이다. 유치원에 다니는 꼬마가 정육면체가 뭐냐고 물어보면 주사위 같은 거라고 간단히 대답해 주면 된다. 정확히 설명해 주려고 하는 순간 꼬마는 이해하기를 포기할지도 모른다. 정육면체는 주사위라는 설명이 정확성은 좀 떨어질지 몰라도 방향만큼은 올바르다. 과학자들이 일반인들에게 아인슈타인이 발표한 일반상대성 이론의 중력 개념을 설명할 때, 아래로 푹 커지는 신축성 있는 트램펄린으로 예를 드는 것도 그 때문이다. 비유의 장점은 설득이 쉽다는 점이며, 비유의 단점은 그 설득 논리가 정확하지는 않다는 것이다. 틀렸다는 것이 아니라 매우 불충분하다는 말이라고 이해하면 된다.

흔적조차 보이지 않을 때에도 뭔가 중요한 정보를 알아낼 수 있는 방법이 하나 있다. 없음으로 있음을 추정하는 일이다. 빔 프로젝터 제품 광고 중에 '캠핑장을 영화관으로!' 같은 문구가 보인다면 일단 성능에 대한 눈높이는 조금 낮추고 제품을 고르시기 바란다. 밝은 데서도 잘 보일 정도로 성능이 좋은 프로젝터라면 굳이 캄캄한 밤을 배경으로 삼아 광고할 필요가 없기 때문이다. 비싼 프로젝터들 광고를 한번 보라, 대부분 대낮 회의실이 배경일 것이다. 모든 상품 광고의 속성이 그렇다. 장점처럼 보이는 것만 드러내지 단점이 될 만한 것을 일부러 표현하진 않는다. 일부러 감출 거야 없겠지만 그렇다고 대놓고 말해 줄 리도 없는 것이다. 가격표가 안 붙어 있다면 일단 저렴한 상품은 아니라고 보면 된다. 그러니 물건의 속성을 제대로 파악하려면 판매자가 말하는 것들이 아니라 말하지 않는 것들이 무엇인지 알아내야 한다.

한 사람의 속성을 제대로 파악하려고 해도 그가 평소에 말하는 것만 볼 게 아니라 그가 평소에 일부러 말하지 않는 것들을 알아내야 한다. 그건 경험치가 더 많이 필요한 거라서 쉽게 알아채기가 어렵다. 특정 대상을 비하할 수 있는 표현을 안 쓰려고 노력한다든지, '상행선/하행선', '서울 올라간다/지방 내려간다' 같은 서울 중심 표현을 안 쓰려고 신경 쓴다든지, 그런 판단의 사소한 기준들을 모으면 어떤 이가 지닌 가치관에 조금 더 근접할 수 있다. 대통령 연설문을 작성하는 비서관이라면 대통령이 좋아할 만한 표현을 궁리할 것이 아니라 대통령이 절대 사용해서는 안 될 표현을 조심하고 가려내는 데 더 공을 들여야 할 것이다.

어떤 작가의 생각을 꿰뚫어 보는 한 가지 방법도 그가 평소에 사용하는 표현이 아니라 그가 일부러 피하는 표현이 무엇인지 알아내는 것이다. 예컨대 나는 '성경'이라는 말은 사용하지 않고 '성서'라고 쓰는데, 특정 종교의 경전이기에 앞서 고전 텍스트의 하나로 본다는 점을 드러내기 위함이다. 그렇다고 그런 의도를 구태여 설명하진 않고 남들이 알든 모르든 상관없이 그렇게 쓴다. 책을 쓰면서 "마태복음 제19장 제24절"이라는 표현을 적었는데, 어떤 독자가 "기독교인은 아니시군요, 기독교인은 그렇게 장 절 표시를 하지 않거든요"라는 댓글을 남겨 준 적이 있다. 내가 그렇게 일부러 쓴 의도에 부합하는 의견이었다. 어떤 텍스트인지 상관없이 나는 항상 그렇게 인용 표기를 하기 때문이다. 셰익스피어는 기독교를 부정하거나 비판하는 글을 쓴 일이 없다. 그렇다고 옹호하는 글을 썼던 것도 아니다. 셰익스피어 작품들을 모두 수록해 둔 웹사이트인 '오픈소스셰익스피어'에서 셰익스피어 작품에 나오는 특정 단어나 구절을 모두 검색해 볼 수 있다. 특이한 점이라면 bible(성경/성서), trinity(삼위일체) 같은 기독교의 핵심 용어들이 한 번도 쓰이지 않았다는 것이다. 어쩌면 셰익스피어가 의도적으로 피한 것인지도 모른다. 이런 어렴풋한 의문을 실마리 삼아 정황과 맥락을 조금 더 깊이 파고들어 연구하다 보면 셰익스피어를 조금은 더 잘 이해할 수 있지 않을까. 없음을 보는 것은 있음을 보는 다른 방법이니까 말이다.

《노자》에는 악기가 소리를 내는 것이 악기 안이 텅 비어 있기 때문이라는 내용이 나온다. 음악의 본질은 결국 소리이지만, 소리와 소리 사이의 공백이 없으면 음악은 존재할 수 없다. 만일 그 공백만으로 음악이 이루어진다면? 작곡가 존 케이지는 아무 연주 소리 없이 오로지 침묵으로 구성된 '4분 33초'라는 곡을 만들어 그런 것을 표현하고자 했던 것 같다. 침묵도 음악적 언어의 한 종류라는 점을 말이다. 《노자》에는 수레바퀴가 제대로 굴러갈 수 있는 것이 바퀴살의 '뚫려 있음' 덕분이라는 내용도 있다. 꽉 막힌 수레바퀴는 잘 구를 수 없다. 그릇이 쓸모가 있는 것도 안이 비어 있기 때문이다.

우리 인간은 수많은 세포들로 이루어져 있는데 그 세포를 구성하는 원자들을 잘 살펴보면 대부분은 텅 빈 공간이다. 서울 월드컵 경기장이 원자라면 원자핵은 탁구공 정도 크기에 불과하고 나머지는 빈 영역이다. 우리 몸은 움켜쥐면 구슬보다 작아지지만 펼치면 필통만큼 부피가 커지는, 구멍 숭숭 뚫린 스펀지 같다. 원자론을 체계화한 고대 그리스의 자연철학자 데모크리토스는 이 세상과 만물이 원자와 빈 공간으로 이루어졌다고 생각했다. 물질을 쪼개고 쪼개다 보면 더 이상 쪼갤 수 없는 근본 입자(원자)가 남을 것이라는 그 생각도 파격적이지만, '빈 공간'도 반드시 필요한 구성 요소라고 간주했다는 점이 놀랍다. 그 빈 공간 때문에 모든 운동과 변화가 일어난다. 없음이 있어 있음도 있다.

3
클리셰에서 상식의 지혜 익히기

어느 나라 어린이든 이솝 우화를 들으며 자란다. 토끼와 거북이 경주, 황금알을 낳는 암탉, 양치기 소년, 비둘기에게 은혜를 갚은 개미, 나그네의 외투를 벗긴 해님, 곰과 마주친 두 친구, 뼈다귀를 물고 다리를 건너면서 강물에 비친 개가 물고 있는 뼈다귀가 탐나서 짖다가 뼈다귀를 강물에 빠뜨려 버린 개의 이야기를 우리는 잘 알고 있고, 그 이야기에 담긴 메시지도 잘 이해하고 있다. 황혼녘에 길게 드리워진 커다란 자기 그림자를 보고 우쭐해진 늑대가 겁 없이 설치다가 사자에게 잡아먹힌 이야기, 연약해 보이는 갈대를 무시하다가 태풍에 몸이 꺾여 버린 올리브 나무의 이야기, 로도스에서 엄청난 활약을 했다며 떠벌이는 허풍쟁이 육상 선수에게 "여기가 로도스다. 여기서 뛰어 봐라!" 하고 외치는 동네 사람들 이야기도 유명하다. 이솝 우화는 구전되던 이야기라서 '덜 익은 포도' 이야기는 입과 입을 거치며 '신 포도'로 제목이 살짝 바뀌었고, '매미와 개미들'은 '개미와 베짱이'로, '들쥐와 집쥐'는 '시골 쥐와 도시 쥐'로 바뀌었으며, '나무꾼과 헤르메스' 이야기는 '금도끼 은도끼' 이야기로 각색되었다. 표현이 조금씩 달라졌다 해도 그 내용과 그 안에 담긴 교훈은 변함이 없다.

이솝 우화를 지은 사람은 기원전 6세기 그리스에 살았던 아이소포스인데, 라틴 어와 영어로 번역되면서 '이솝'이라는 이름으로 널리 알려졌다. 이 우화들은 처음부터 글로 전해진 것은 아니고, 이솝이 창작하여 구술한 것이 세대를 거쳐 전해지다가 나중에 아리스토텔레스에 이르러 문서 형태로 처음 정리되었다고 알려진다. 구전되면서 이솝 시대 이후의 이야기들도 추가되었다. 예컨대 이솝 시대보다 이백 년 뒤 사람인 철학자 디오게네스의 이야기들도 있다. 처음에는 신화적인 이야기들이 압도적으로 많았지만 시간이 흐르면서 점차 동물 이야기들로 대체되었다. 이솝 우화는 플라톤의 대화편 《파이돈》에도 등장한다. 사형 집행을 앞두고 소크라테스는 감옥으로 자신을 찾아온 이들에게, 즐거움 뒤에는 반드시 정반대되는 것이 뒤따라오며, 아이소포스(이솝)라면 분명 그런 이야기를 지었음직 하다고 설명한다. 인생에서는 좋은 일 뒤에 나쁜 일이 일어나고, 그다음에는 또 좋은 일이 일어난다는 말이다. 소크라테스의 말처럼 아이소포스는 새옹지마라는 인생 교훈을 알려 주는 이야기를 많이 만들었다.

이천육백 년 동안이나 사랑받은 이 이야기들 안에는 인생의 희로애락과 세상살이의 보편적 진실이 들어 있는 듯하다. 그렇지만 이솝 우화가 주는 교훈은 착한 일을 행하면 복을 받고 나쁜 짓을 하면 벌을 받는다는 것이 아니다. 이솝 우화는 서로 모순되는 내용들이 잔뜩 혼재된 이야기들의 총체라서, 어떤 상황에 대처하는 적절한 처세 지혜가 따로 나오지는 않는다. 따라서 이솝 우화의 특정한 이야기 하나를 듣고 인생 지침으로 삼았다가는 큰 낭패를 겪게 될 것이다. 이솝 우화는 솔직하게 사는 것이 중요하다고 가르치지도 않는다. 발길이 드문 곳에 한 아가씨가 살고 있는데 이름이 '참말'이다. 왜 이렇게 외딴 곳에서 혼자 사냐고 묻자 동네 사람들이 자기를 멀리하고 '거짓말'하고만 어울려 사는 걸 좋아하다 보니 그렇게 되었다고 대답한다. 이솝 우화는 우리가 사는 세상이 거짓 투성이라는 점을 일부러 더 부각하여 각인시킨다.

이솝 우화가 펼쳐 보이는 진실이란 인생에서 중요한 덕목과 지혜가 아니라, 살면서 눈앞에 어떤 상황이 펼쳐질지는 아무도 모르는 것이므로 매사에 그저 조심하고 또 조심하라는 경고뿐이다. 이솝 우화에 가장 많이 나오는 구절이 '그런 줄도 모르고 이렇게 하다니 내가 이런 일을 당해도 싸지!'라는 뒤늦은 후회라는 점을 기억하자. 그럼에도 이야기들 전체를 관통하는 일관된 메시지가 있는데, 사람의 천성은 변하지 않는다는 것이다.

좋은 의미든 나쁜 의미든 사람을 변화시키는 건 너무나 힘든 일이라서, 사람을 바꾸어 내 편으로 만들려고 하기보다는 사람을 잘 가려서 곁에 두는 것이 더 안전한 생존법이다. 이솝 우화에서 개과천선 같은 순진한 기대와 바람은 거의 실현되지 않는다. 개울에 떠내려가는 개미에게 나뭇잎을 준 비둘기가 나중에 개미의 도움을 받아 목숨을 구하는 아주 드문 경우가 있기는 하지만, 선행에 대한 보상을 받는 이야기보다는 선행을 베풀었음에도 배신을 당하는 이야기가 훨씬 더 많다.

목에 가시가 걸린 늑대가 왜가리에게 가시를 빼 달라고 부탁한다. 왜가리가 긴 부리로 가시를 꺼내 주자 늑대는 갑자기 표정을 바꾸더니, 잡아먹지 않은 걸 다행이라 여기라며 되려 자기가 은혜를 베푸는 척을 한다. 그런가 하면 당나귀 발에 박힌 가시를 뽑아 주려던 착한 늑대는 당나귀 발길질에 이빨이 모조리 부러진다. 당나귀 입장에서는 늑대는 늑대일 뿐이지 이놈이 아주 드물게 착한 늑대일 거라는 사실을 알 길이 없다. 먹고 먹히는 정글의 법칙이 인생사에서도 통용된다. 어떤 때는 맞고 어떤 때는 틀리다. 늑대에게 양을 맡겼다가 큰 낭패를 본 목자 이야기가 나오는가 하면, 양의 부탁을 들어준 늑대도 나온다. 상처를 입고 양에게 물 한 모금만 떠 달라고 부탁하는 늑대를 외면하는 양의 이야기도 있다. 양이라고 다 순하고 착한 건 아니다. 당신이라면 늑대가 도움을 요청할 때 선뜻 도와줄 수 있겠는가? '늑대의 습성도 모르고 도와주다니 내가 이런 일을 당해도 싸지!' 하는 유언을 남기게 되진 않을까?

사자와 곰이 서로 다투던 중에 어부지리로 여우가 새끼 사슴을 차지하는 일도 있지만, 사자와 멧돼지가 샘물을 서로 먹겠다고 다투다가 독수리 떼를 보고 서로 힘을 모으기도 한다. 사자 탈을 뒤집어쓰고 사자 행세를 한 것은 여우뿐만 아니라 당나귀도 있다. 꾀 많은 여우는 줄행랑을 치지만 우둔한 당나귀는 사람들에게 맞아 죽는다. 인생사엔 정답이 없다. 사람들 행동이 일관되지도 않다. 물잔에 물이 반쯤 담겨 있을 때 어떤 이는 반이나 있다고 말하고 어떤 이는 반밖에 없다고 말한다. 이처럼 같은 현상이나 사건을 두고 각자 달리 생각하는 것도 삶의 보편적인 진실이며 인간의 일반적인 습성이다. 이솝 우화에는 고기 국물에 빠진 파리가 맛 좋은 걸 배불리 먹으니 죽어도 여한이 없다고 말하는 이야기가 있는가 하면, 꿀을 잔뜩 먹다가 발이 달라붙어 죽게 된 파리가 자기 삶이 한심하다며 자책하는 정반대 이야기도 있다. 인생사 새옹지마라고 하는데 이솝 우화에도 같은 이야기가 있다. 자기보다 발도 빠르고 힘도 센 말을 어제까지 부러워하던 당나귀가 전쟁터에서 창에 찔려 죽는 그 말을 보며 오늘은 오히려 불쌍히 여긴다. 삶에는 양면성이 있다. 장미는 금세 시들지 않고 오래 사는 아마란토스를 부러워하고, 길게 사는 아마란토스는 향이 좋은 장미를 부러워한다.

'아는 게 힘'이라는 말도 맞지만 '모르는 게 약'이라는 말도 맞다. 그 두 입장이 논리적으로는 모순될지라도 삶에서는 모두 다 진실이다. 딸 둘을 키우던 부모가 첫째는 원예사에게 시집을 보내고 둘째는 도공에게 시집을 보냈다. 첫째 딸의 소원은 꽃이 잘 자라도록 비가 많이 내리는 것이고, 둘째 딸의 소원은 도자기가 잘 마르도록 해가 쨍쨍 나는 것이라는데, 그럼 부모는 어떤 날씨를 빌어야 하는 걸까. 이거야 뒤집어 생각해 보면 날씨가 어떠하든 상관없다는 말도 되니까 큰 문제는 아닌데, 목숨이 달린 문제라면 얘기가 달라진다.

꾀를 부려서 사자를 제압한 이야기가 없는 것은 아니지만, 분수를 모르고 잔꾀를 부리며 사자에게 덤볐다가 잡아먹힌 이야기가 이솝 우화에는 훨씬 많다. 기지를 발휘하여 어떤 때는 자기가 새라고 말해서 살고 어떤 때는 쥐라고 말해서 사는 박쥐처럼 위기를 모면하는 경우도 있긴 하지만, 왜 이랬다 저랬다 하냐며 잡아먹히는 이야기가 더 많다. 운 좋게 목숨을 부지한들 어느 쪽에도 끼지 못하고 변절자나 배신자 소리를 들으며 살아가야 하는 사람들이 있다. 거주권이나 시민권은 획득했지만 완전히 동화되지 못하고 살아가는 이주민의 설움은 동서고금 어디나 비슷하다. 옛날 우화나 설화에는 그런 보편적 희로애락이 담긴다.

똥 마려울 때 마음이랑 똥 눈 다음 마음이 다르다고, 사람의 이기적인 본성을 간과해선 안 된다. 뙤약볕에서 플라타너스를 발견하고 그늘 아래에서 쉬던 나그네들이, 플라타너스는 열매도 맺지 못하는 쓸모없는 나무라며 수다를 떤다. 가난한 나그네가 헤르메스 신에게 빌었다. 길을 가다가 뭔가 주우면 그 절반은 당신께 바치겠다고. 길을 걸어가다가 아몬드와 대추야자를 주운 나그네는 알맹이들만 쏙 빼 먹고 껍질들은 헤르메스 제단에 바쳤다. 겉과 속 중에서 하나를 바치는 것이니 약속은 지킨 거라고 말하면서 말이다. 송아지를 잃어 버린 목자가 도둑놈을 자기 눈앞에 데려다 달라고 신에게 빌었는데, 송아지를 물어 간 사자가 앞에 나타나자 이제는 그 자리를 벗어나게 해 달라고 신에게 빈다. 오늘날에는, 대량 매수를 앞둔 주식 투자자가 주가가 떨어질 타이밍만 기다리다가 주식을 대량으로 매수하고 나서는 일 분 만에 마음이 바뀌어 이제 주가가 오르기만을 간절히 바란다. 시대는 달라졌지만 인간 본성은 안 변한 것 같다.

'사람 사는 거 다 똑같애' 하는 말도 종종 들어 보았을 것이다. 사람은 저마다 다르지만 모두 비슷한 신체 기관을 갖고 있기 때문에 사물과 세계를 비슷하게 보고 비슷하게 느낀다. 목이木耳 버섯은 '나무에 자라는 사람 귀' 같다고 해서 붙여진 이름이다. 영어로는 'wood ear'라고 표현한다. 보는 눈은 다 같은가 보다. 아주 미세한 차이를 일컫는 말인 '간발間髮의 차差'는 머리카락과 머리카락 사이의 짧은 거리라는 말로 영어로는 'by a hair's breadth'라고 표현한다. 신기할 정도로 비슷하다. 사람들은 인간으로서 같은 감각을 지녔기에 착각도 똑같이 한다. 착시 현상 같은 것을 자기 혼자 다르게 보는 사람은 없다. 프랜시스 베이컨은 이것 때문에 빚어지는 우리의 공통 오류들을 가리켜 '종족 우상'이라고 불렀다. 인간이라는 종족이 저지르기 쉬운 앎의 착오라는 뜻인데, 해가 스스로 움직이며 동쪽에서 떠서 서쪽으로 진다고 착각했던 것이 대표적인 사례다.

역사 기록의 선구자인 고대 그리스의 헤로도토스는 《히스토리아》('기록'이라는 뜻, '히스토리'라는 말이 여기서 나옴)라는 저술을 남겼다. 그는 검증이라는 잣대를 가지고서 역사를 기록한 것이 아니라 '보거나 들은' 것들을 소상히 기록했다. 그중에는 자신이 보기에 황당한 것들도 있었다. 그럴 때는 섣불리 추측하기보다는 이해되지 않아도 일단 자세히는 적어 두려고 노력했다. 예컨대 제3권에는 이런 구절이 있다. "그들이 막대한 금을 얻는 방법은 다음과 같다. (…) 이 사막의 모래 속에는 개보다는 작지만 여우보다는 큰 개미들이 있는데, (…) 그것들이 던져 올리는 모래에는 금이 함유되어 있다. 그래서 이들 인디아 인들은 이 금을 얻으려고 사막으로 떠난다." 개보다는 작지만 여우보다는 큰 개미들이라니, 도대체 얼마나 큰 개미란 말인가. 헤로도토스 연구자인 알렉스 홀만의 분석에 따르면, 페르시아 사람들이 일컬은 것은 인디아에 서식하는 '마못'marmot이다. 다람쥐를 닮았는데 몸집은 훨씬 크고 언뜻 카피바라도 닮은 동물이다. 그리스에서 개미를 뜻하는 말인 '뮈르멕스'myrmēx와 발음이 비슷해서 '개미'라고 받아 적은 것은 아닐까. 즉 헤로도토스가 황당무계한 이야기를 지어낸 것이 아니라, 황당무계하게 들려도 상관없게 '그대로 받아 적으려' 노력했을 수도 있다.

보고 들은 것을 최대한 있는 그대로 적는 방식에 관해 진지하게 살펴보자면, 전 세계 역사를 통틀어 그 특징이 가장 두드러지는 조선 시대로 가 보는 것이 적절할 듯하다. 인류가 남긴 가장 방대한 역사 기록물 순위를 매겨 보면 1위와 2위를 모두 조선이 차지하고 있기 때문이다. 압도적인 1위가 《승정원 일기》이고 2위는 《조선왕조실록》이다. 왕이 말을 타다 넘어져서 사관이 이를 기록하려고 했다. 왕이 사관을 타박하며 적지 말라고 지시하자 사관은 다음과 같이 기록했다. "(왕이) 말을 달려 노루를 쏘다가 말이 거꾸러짐으로 인하여 말에서 떨어졌으나 상하지는 않았다. 좌우를 돌아보며 말하기를, '사관이 알게 하지 말라' 하였다."

사진 작가 권오철은 《조선왕조실록》 중 〈세종실록지리지〉에 나오는 한 구절에 마음을 뺏겼다. "두 섬(울릉도/독도)이 멀지 않으니 날씨가 맑으면 서로 보인다." 조선인의 기록 태도에 비추어 보건대 분명한 사실일 텐데, 직접 가 본 울릉도에서 독도는 전혀 보이지가 않았다. 날씨가 맑을 때 여러 번 다시 방문해 보았지만 시야에 나타날 기미는 전혀 없었다. 사진 작가 권오철은 삼 년 만에 깨달았다. 태양과 독도와 울릉도가 일직선이 될 때 보인다는 것을. 독도 뒤로 해가 뜨는 드문 순간을 울릉도에서 잘 포착하면 독도의 실루엣이 선명하게 드러난다. 그는 사상 처음으로 울릉도에서 독도 일출을 촬영했다. 조선시대 사람들이 일출 순간의 독도를 보고서 실록에 기록한 것인지는 확인할 길이 없지만 그 기록은 분명한 사실이었다.

조선 후기의 문헌인《서유견문》에는 '유성'遊星이라는 단어가 나온다. 별똥별을 일컫는 '유성'流星과 발음이 비슷하긴 하지만 그 유성이 아니다. 당시에 쓰이던 '유성'이라는 단어는 점차 '행성'으로 대체되었다. 행성을 뜻하는 영어 단어 '플래닛'planet의 어원은 '방랑자'를 의미하는 그리스 어 '플라테네스'planētēs다. 한자어 '돌아다닐 유'가 '다닐 행'으로 바뀌었어도 고대인들이 파악했던 의미는 엇비슷했다. 밤하늘을 일정하게 움직이는 다섯 천체들이었던 것이다. 조선에도 널리 퍼진 중국의 '음양오행'설은 밤과 낮을 지배하는 천체인 달과 해, 그리고 밤하늘의 움직이는 다섯 천체인 화/수/목/금/토에 우주의 생성 변화 원리가 깃들어 있다고 믿는 사상이다. 해의 크기와 달의 크기는 지름 기준으로 400배 이상 차이가 나는데, 거리 역시 400배 차이가 나기 때문에 우리가 보기에는 비슷한 크기로 보인다. 그런데 고대인들은 그런 지식이 없었기 때문에 해와 달이 비슷한 크기일 거라고 여기며 살았고, 낮과 밤을 대표하는 두 천체로서

숭배했을 것이다. 고대의 앎이 현대의 과학 지식과 다르다고 하여 옛것을 진실하지 않다고 말할 순 없다.

사람의 눈이 다 거기서 거기인지, 동양인들이 '오행'에 주목을 했던 것처럼 서양인들도 비슷한 것을 본 것 같다. 천문학자 요하네스 케플러(1571~1630)는 '화/수/목/금/토'라는 다섯 행성이 지닌 독특한 의미들이 우주의 신비를 풀어 주는 열쇠라고 굳게 믿었다. 정다면체를 이루는 입체가 정사면체, 정육면체, 정팔면체, 정십이면체, 정이십면체 이 다섯 개뿐이라는 사실은 플라톤이 처음 기록했다. 케플러는 이 사실에 깊이 빠져서 정다면체들과 다섯 행성과의 연관성을 찾으려고 무척 애를 썼다고 한다. 그러나 연관성 없음이 밝혀졌다. 관측 기술의 발전과 더불어 새로운 행성들이 줄줄이 발견되었기 때문이다. 관습과 지식의 무관함이 입증된 것이기도 했다.

신화에는 인간의 진솔하면서도 보편적인 심성이 반영되어 있다. 국립중앙박물관의 본관 4층 중앙아시아실에는, 실크로드의 오아시스 도시였던 투르판 석묘에서 출토된 귀한 그림이 소장되어 있다. 이 그림에는 아시아 신화의 창조신인 복희와 여와가 그려져 있다. 여와가 들고 있는 것은 규規로서 둥근 하늘을 그리는 도구다. 복희가 들고 있는 것은 척尺으로서 모난 땅을 그리는 도구다. 원래 한몸인 두 창조신은 원을 그리는 규와 직선을 그리는 척, 이 둘을 조화롭게 합친 척도로 세계를 만들고 다스렸다.

시인 윌리엄 블레이크가 그린 그림 중에는 컴퍼스로 세상을 그리는 창조주를 형상화한 작품도 있다. 고대 그리스 인들은 원을 그리는 컴퍼스와 직선을 그리는 눈금 없는 자를 이용해 새로운 도형을 작도하고 새로운 증명법을 차근차근 찾아냈다. 신화 속 도구였던 컴퍼스와 자를 이용해 새로운 지식 체계를 세웠던 것이다.

오랜 경험이 축적된 좋은 기준들은 굳이 바꿀 필요가 없다. 유익한 관습 역시 바꿀 필요가 없다. 만년필 매장에 가면 시필 코너가 있는데, 한자 '영'永 자가 시필 종이에 글씨 예시로 자주 등장한다. 삐침이나 파임 등 한자 획을 긋는 여덟 가지 방법이 이 한 글자 안에 두루 담겨 있기 때문이다. 시필용 표준 글자가 될 만한 자격을 갖춘 것 같다. 로마자 알파벳 폰트 개발자들은 "The quick brown fox jumps over the lazy dog"라는 문장으로 작업 상태를 점검한다. 한 문장에 알파벳 스물 여섯 자가 모두 들어 있다. 한글 글꼴 개발자들은 "다람쥐 헌 쳇바퀴에 타고파"라는 문장으로 각 폰트를 점검한다. 자음이 다 들어가 있고 모음도 전반적으로 체크할 수 있다. 특별히 새로운 예문이 필요한 것 같지는 않다.

컴퓨터로 문서 작업을 할 때 기본 제공되는 일정한 틀을 템플릿이라고 부른다. 어떤 글쓰기 프로그램 템플릿에는 장르에 맞는 목차나 기본 문구가 들어가 있기도 한다. 인쇄술이 유럽에 막 보급되던 시대에도 템플릿 같은 것이 있었다. 그때는 납을

섞어 만든 금속활자를 한 글자 한 글자 퍼즐처럼 맞추어서 인쇄물 한 면의 내용을 구성했다. 인쇄소에는 그렇게 다양하진 않지만 그래도 인쇄물 성격에 맞는 여러 글꼴과 다양한 크기의 활자들이 갖춰져 있었다. 유럽에 금속활자 인쇄술을 보급한 선구자는 요하네스 구텐베르크(1397~1468)인데, 그가 처음 인쇄하여 판매한 문서는 《42행 성서》라고 불리는 저작물이다. 이미 폭넓은 독자층을 보유한 스테디셀러 성서가 첫 인쇄물이 된 것은 당연해 보인다. 한 면이 마흔 두 행으로 이루어져 있어서 그런 이름이 붙은 것이고, 마흔 두 행이 된 데는 이유가 있다. 종이값이 너무 비쌌기 때문에 의뢰자 입장에서는 되도록이면 한 면에 많은 글자를 넣는 것이 유리했지만, 그렇다고 잘 보이지도 않을 정도로 빽빽하게 욱여넣을 수는 없는 노릇이다. 이렇게도 해 보고 저렇게도 해 보다가, 보기에 무리가 없고 답답해 보이지 않을 정도의 여백을 주면서도 내용은 많이 채울 수 있는 타협선을 찾았고, 그 결론이 마흔 두 행이었다. '42'라는 숫자에는 인쇄공들의 경험이 누적되어 있다. 얇은 금속 재질로 만든 유리병 뚜껑의 톱니에도 많은 경험과 실험이 축적되어 있다. 밀봉이 잘 되면서도 여는 것이 힘들지 않은 적정한 개수가 결정되었고, 전 세계에서 스물 한 개 톱니를 사용하고 있다.

구텐베르크 시대의 인쇄술은 당시에는 신세계와 같은 혁신 기술이었지만, 인쇄공들이 알맞은 크기의 해당 글자를 찾아서 맞추는 조판 일은 적지 않은 시간이 걸리는 번거로운 작업이었다. 다행스럽게도 어떤 주문 요청은 내용이 대체로 비슷하고 예전에 사용되었던 것과 똑같은 문구들을 요구했다. 가령 청첩장을 인쇄할 때 의뢰인들은 뭔가 특이한 문구보다는 오랫동안 전통적으로 써 왔던 문구들을 선호하기 때문이다. 자주 인용되는 격언이나 속담 등도 미리 만들어 둔 조판을 재사용했다. 그렇게 미리 만들어 둔 상용구들 모음을 '클리셰'cliché라고 한다. 고된 노동을 덜어 주고 단가를 맞춰 주어 수익률을 높여 주는 효자 역할을 했던 것이다. 클리셰라는 말은 추후에 틀에 박혀 있는 문구를 비판하는 상징적 표현으로 더 자주 쓰이게 된다. 어른들의 잔소리는 재미가 하나도 없는 고리타분한 클리셰다. 아이들을 재미있게 해 주려는 것이 아니라 그 아이들을 지키는 것이 목적이라서 그렇다.

관습에서 보편적 판단의 기준이 될 만한 것들을 추려 내서 한데 모으면 '상식'이 될 것이다. 뭔가 문제가 생겨서 해결하고자 할 때 우리는 일단 상식적으로 생각해 본다. 일부 몰상식한 인간들이 늘 골칫거리이긴 하지만, 대부분의 많은 일들은 상식선에서 해결되고 해명되기 때문이다. 상식이라는 건 공동체 구성원들이 여러 세대를 거치면서 만들어 온 암묵적인 합의 기준, 공동체 유지를 위한 느슨한 가이드라인 같은 것이다. 받은 것이 있으면 주는 것이 상식이고, 잘못을 저지르면 그 대가를 치르게 된다는 것이 상식이다. 세상에 공짜가 없다는 깨달음 역시 상식적인 것이다. 음식을 팔 때 몸에 해로운 재료를 사용하지 않는 것이 상인으로서의 상식이다. 앞선 세대 어른들이 '장사 오래 하려면 정직해야 한다'고 조언하는 것도 상거래의 상식이다.

애덤 스미스(1723~1790)가 《국부론》에서 말한 '보이지 않는 손'(Invisible Hands)은 시장의 자율적인 가격 결정 원리를 가리키는 말이 아니라, 상식적으로 지켜야 할 상도덕 같은 것을 가리키는 개념이다. 《국부론》의 전작 격인 《도덕감정론》에 주요하게 나오는 개념인 '공정한 관찰자'(Impartial Spectator)의 경제 버전인 셈이다. '보이지 않는 관찰자'란 사회 구성원의 판단에 영향을 끼치는 사회적 차원의 양심 같은 것이다. 애덤 스미스가 말하는 '도덕'(Moral)이란 어떤 이론적인 윤리 기준이라기보다는 이렇게 공동체의 관습에 가깝다. 존 스튜어트 밀(1806~1873)이 《자유론》에서 강조한 '사회적 감정'(Social Feeling)도 상식적 기준에 부합한다. 애덤 스미스를 포함한 여러 스코틀랜드 학자들은 아예 이런 상식 개념들을 인간 본성 차원으로까지 높이고자 했고, 그런 사상적 경향은 '스코틀랜드 계몽주의'라고 불린다.

그렇지만 상식은 오랜 세월 동안 철학과 사상의 역사에서 그다지 환영받지는 못했다. 가장 신랄할 비판자는 플라톤이다. 다수결에 기반을 두고 있는 상식은 기껏해야 '의견'을 모은 것에 불과한 것이라, 어리석은 자들 수백 명의 의견을 모은들 지혜로운 자 한 명의 생각보다 나을 수 있겠냐는 회의가 깔려 있다. 플라톤은 모든 것을 올바른 지식의 관점에서만 보았다.

조슈아 그린이 《옳고 그름》에서 소개한 인류학자 로빈 던바의 연구에 따르면, 우리는 평소 대화의 65퍼센트 정도를 다른 사람 험담에 쓴다. 험담은 사회를 유지하고 공동체를 강화하는 결정적 메커니즘이기 때문이다. 공동체의 관습에서 벗어나 '혼자 튀거나' '혼자만 뒤처지는' 이들이 험담 소재가 된다. '못됐어, 인간이 어쩜 그래' '저 혼자 잘 먹고 잘 살겠다고' 등등. 관습과 지식의 방향이 서로 어긋나는 사례는 플라톤의 대화편에 등장하는 소크라테스를 보면 될 듯하다. 올바른 앎을 추구하는 데 모든 것을 바쳤던 소크라테스가 당시 아테나이에서는 커다란 골칫덩이이자 험담의 단골 소재였으니 말이다.

소크라테스, 플라톤, 아리스토텔레스를 모두 험담과 조롱의 대상으로 삼은 유명한 저술이 있었으니, 바로 에라스뮈스의 《우신 예찬》이다. 물론 에라스뮈스의 관점이 아닌 극중 우신의 관점에서 말이다. 《우신 예찬》은 어리석음을 관장하는 '우신'이 자화자찬하는 형식으로 당대의 현실을 꼬집는 이야기다. 즉 세상 사람들은 겉으로는 지혜를 추구하는 것 같아 보여도 실제 속마음으로는 자기(어리석음)를 훨씬 더 좋아한다는 것이다. 우신의 자기 자랑 연설을 곰곰이 들어 보면 틀린 말이 하나도 없다. 일단 사람들은 배우고 공부하는 것을 싫어한다. 그러니 우신의 편이다. 자아 도취, 게으름, 쾌락, 술을 좋아하니 우신의 편이다. 술자리에서 우리의 흥을 돋우며 즐겁게 하는 사람들은 지혜로운 자들이 아니라 어리석어 보이는 사람들이다. 당나귀 귀를 지녔던 미다스 왕의 이야기처럼, 속마음을 현명하게 감추지 못하고 어리석게 다 털어놓는 것이 우리네 본성이다. 어리석고 순진무구한 자들은 모두 한결같다. 인생사는 거대한 연극이고 온통 어리석은 것들로 가득 차 있는데 지혜만 가지고서 뭔가 해 보려는 게 말이 되는가? 지혜로운 자들로 일컬어지던 소크라테스, 플라톤, 아리스토텔레스가 주장했던 이념을 지키는 나라가 한 곳이라도 있었는가? 《우신 예찬》이 불멸의 고전이 된 것은 있는 그대로의 현실이 그 안에 잔뜩 담겨 있기 때문이다.

세상의 진실을 알려 주는 또 하나의 단서는, 공동체의 지혜가 알려 주는 일의 순서다. '끓을 만큼 끓어야 밥이 된다'는 말이 있듯, 모든 일에는 다 순서가 있다. 《대학》에는 "무엇이 먼저이고 무엇이 나중인지를 알면 도에 가까워질 것이다"라는 구절이 있다. 순서를 잘 아는 것은 진실에 접근하는 훌륭한 방법이 될 것이다. 유길준이 조선인 최초로 미국으로 유학을 갔을 때 그를 돌봐주었던 생물학자 에드워드 모스 박사가 처음 가르쳐 준 것은 학교 시설을 이용하는 절차와 공부의 순서였다. 유길준이 그런 가르침을 잘 받아들인 까닭일까, 《서유견문》의 구성을 보면 태양계에서 시작하여 지구로, 지구에서 대양과 대륙으로,

대륙에서 나라로, 나라에서 주요 도시들로 서술 순서를 배치했다. 즉 보편적인 것에서 시작하여 아주 구체적인 내용까지 물이 흘러넘치듯 차례대로 자연스럽게 구성된다. 우주라는 넓은 범위에서 보면 강대국이나 약소국의 차이는 별 의미가 없다. 중국이든 미국이든 조선이든 그저 지구의 작은 일부분이요, 태양계의 일부일 뿐이다. 강대국들 틈바구니에서 모진 환경을 버텨 내는 조선의 선비 유길준은 그런 것을 주장하고 싶었던 것일까. 유길준은 1895년 《서유견문》을 출간했고, 일제강점기 초기인 1914년에 세상을 떠났다.

  일제 강점이라는 비극은 우리 역사에 깊은 상처와 오점을 남겼다. 해방된 후에는 과거사 청산도 제대로 진행되지 않았다. '과거사 청산'은 때로 '전환기적 정의'라고 표현되기도 한다. 정의를 올바로 다시 세우는 과정이 너무 힘들어서 그렇지 순서만큼은 명확하게 정해져 있다. '진상 규명→책임자 처벌→피해자 보상→용서와 화해' 순서로 과거사 청산의 지난한 과정이 진행된다. 반드시 지켜야 할 것이 있다. 아무리 더디게 진행된다 해도 중간 단계를 건너뛰고 그다음 것을 진행할 수는 없다는 점이다. 순서가 있다. 순서를 잘 아는 것이 삶의 지혜요, 순서를 잘 지키는 것이 정치적 지혜다. 지혜는 관습과 지식 사이에 걸쳐 있으면서 그 둘을 이어 주는 듯하다.

4
정보를 통해 명료한 지식 넓히기

앎을 확장하는 방법은 크게 두 가지다. 첫째, 몰랐던 것을 새로 아는 것. 둘째, 이미 알던 지식을 더 발전시키는 것. 앎의 확장이 전문 학술 영역의 전유물은 아니다. 일상 영역에서 인터넷만 잘 활용해도 앎의 확장은 얼마든지 가능하다. 인터넷 이미지 검색은 어렴풋한 개념을 또렷하게 만들어 주는 아주 유용한 도구다. 일본어 공부를 하다가 '코모레비'(木漏れ日)라는 단어를 보았다. 사전에는 "나뭇잎들 사이로 비치어 쏟아져 내리는 빛"이라고 설명되어 있었다. 혹시나 하고 이미지 검색을 해 보았는데, 화면을 보고 나서 바로 '나무 햇살'이라는 단어가 떠올랐다. 어렴풋했던 언어가 확실한 어휘 지식으로 바뀐 것이다.

영어 단어 tomb과 grave는 모두 무덤을 가리킨다. 둘의 차이가 궁금하여 이미지를 검색한 후 사진들을 비교해 보니 둘의 차이를 뚜렷이 알 수 있었다. 영화로도 제작된 게임〈툼 레이더〉tomb raider를 떠올려 봐도 알 수 있듯이, tomb은 이집트 석묘나

백제 무령왕릉처럼 지하 공간이 있는 무덤을 가리킨다. '요람에서 무덤까지'(from cradle to grave)라는 말에 나오는 grave는 비석이나 십자가가 세워진 보통 사람들의 묘나 봉분을 가리킨다. 이미지 한 컷이 단서가 되어 해당 개념을 온전히 파악할 수 있게 된 것이다.

움베르토 에코가 편집한 《경이로운 철학의 역사》를 읽다가 이해가 잘 되지 않은 한 구절의 뜻을 알아낸 것도 이미지 검색 덕분이었다. "《공산당 선언》의 저자들은 이를 일종의 암석 등반으로 해석했지만 사실은 새로운 대중적 소통 방식도 염두에 두고 있었다." 다음은 해당 구절의 이탈리아 어 원문과 영어 번역본 문장이다.

E qui il Manifesto cita le vie ferrate, ma pensa anche alle nuove comunicazioni di massa.

And here the Manifesto mentions the via ferrata, but also thinks about the new mass communications.

그리고 여기서 《공산당 선언》은 '비아 페라타'를 언급할 뿐만 아니라, 대중매체를 통한 새로운 소통 방식 또한 고려한다.

'비에 페라테'vie ferrate(기본형: 비아 페라타via ferrata)를 이미지 검색으로 찾아보면, 등산객들이 쉽고 안전하게 암벽을 오를 수 있도록 미리 철심을 박고 로프를 연결해 둔 등산 루트 모습들이 쭉 나온다. 산악 지형이 많은 한국의 등산객들에게도 낯설지 않은 장치일 것이다. '비아 페라타'가 만일 의사소통 수단을 비유하는 것이라면 새롭거나 모험적인 시도와 관련이 있는 것은 아니고, 이미 잘 마련되어 있는 안전한 방식을 가리킨다는 점을 유추할 수 있다. 부르주아지가 발전시켜 놓은 교통과 연락 수단들은, 마르크스와 엥겔스가 보기에는 알프스 암벽에 미리 박아 놓은 안전한 철심과 로프와 비슷하므로, 프롤레타리아트가 이것을 일단 잘 활용하는 것이 중요하다고 여겼던 것이다.

마르크스와 엥겔스는 이런 기존 방식뿐 아니라 좀더 대중적인 새로운 방식도 고려하고 있었다. 그러니까 해당 구절의 의미는 이런 것이다. '부르주아 계급이 자기들을 위해 마련해 두었던 교통과 통신망 덕분에 노동자들은 더 쉽게 접촉할 수 있게 되었다.《공산당 선언》의 저자들이 보기에 이것은 부르주아 계급이 암벽 등반을 위해 미리 깔아 둔 철심이나 로프 같은 것이 었는데, 노동자들이 그런 기존 수단을 잘 활용하는 일뿐 아니라 대중매체를 활용하는 새로운 방식 또한 염두에 두고 있었다.' 원뜻에 조금은 더 가까워진 듯하다.

처음에 뜻이 잘못 알려졌다가 연구가 진전됨에 따라 나중에 올바로 교정되는 사례들이 있다. 《만국공법》은 19세기 미국의 법학자 헨리 휘튼이 지은 《국제법의 원리》를, 중국에서 활동하던 미국인 선교사 윌리엄 마틴이 1863년에 한문으로 번역해 출간한 책이다. 《만국공법》은 동아시아 세 나라의 지식인들 사이에서 유행이 될 만큼 널리 읽혔다. 국가들을 초월하는 보편적인 법이 있음을 역설하는 이 책은, 중국 입장에서는 서구 열강의 간섭이 부당하다는 논리를 찾아낼 수 있었기에 널리 읽혔고, 조선 입장에서는 땅덩어리의 크기나 힘의 차이가 있더라도 모든 나라는 기본적으로 평등하다는 논리를 찾아낼 수 있었기에 널리 읽혔다. 일본에서는 국가 간 연합의 필요성 때문에 널리 읽혔다. 각자 자기들 관점에서 해석하며 읽은 것이다. '만국을 아우르는 공적인 법'이라는 뜻의 '만국공법'이라는 번역 제목은 중국의 고대 자연 사상을 떠올리게 한다. 그런 친숙함도 동아시아 지식인들의 독서열을 부추기는 데 한몫했을 것이다.

국가를 초월하는 법에 관해 말하는 그 책의 실상은 독자들의 생각과는 사뭇 달랐다. 이 책은 유럽 중심의 기독교적 세계관의 확장을 옹호하기 위해 쓰인 것이기 때문이다. 달리 말하면 서구 열강에 의한 제국주의와 식민주의는 더 보편적인 세계관을 전파하는 것이므로 '만국공법' 관점에서 타당하다. 어찌 보면 정반대 의도를 품고 있는 책을 동아시아의 지식인들은 정반대 관점으로 읽은 것인데, 알맞게 옮길 만한 번역어들이 없었던 한계 탓이기도 했다. 정치 사상에서 가장 기본적이고 중요한 용어인 liberty, society 같은 개념들조차 1880년대 이후가 되어서야 일본 학자들에 의해 '자유'나 '사회' 같은 한자어로 번역되기 시작했던 것을 보건대, 중국에서 활동하던 선교사 윌리엄 마틴이 자기가 아는 한자어를 가지고서 원전의 의미를 잘 표현하기에는 무리가 많았을 것이다.

적절한 개념어가 없을 때 번역은 한계에 부딪힌다. 원전의 일부가 누락되거나 편역되는 과정에서 원전의 의도와 진실이 잘못 전달되는 경우도 많다. 조선 개화기 때 최남선은 조너선 스위프트의 《걸리버 여행기》(1726)를 자신이 창간한 청소년 잡지 〈소년〉에 편역하여 실었다. 눈길을 확 끄는 거인국과 소인국 이야기만을 간추려 편집했기 때문에, 아일랜드 지식인이 잉글랜드를 난도질하듯 신랄하게 비판하는 정치 풍자 소설 《걸리버 여행기》는 한국에서 어린이용 모험담으로 알려지게 된다. 1992년이 되어서야 최초 완역본이 출간되었지만 그동안 굳어진 인상을 바로잡기에는 역부족이었다.

원전을 다른 언어로 번역했다가 그 번역을 다시 다른 언어로 번역하는 것을 '중역'이라고 하는데, 중역 과정에서 원전의 의미가 누락되거나 왜곡되는 경우가 자주 생긴다. 가수 혜은이와 최문정이 부른 노래 〈파란 나라〉(작사: 지명길)에는 "난 찌루찌루의 파랑새를 알아요"라는 대목이 나온다. 여기서 '찌루찌루'는 '틸틸'을 가리키는데, '틸틸'과 '밀틸'은 1911년 노벨문학상을 수상한 작가 모리스 마테를링크의 희곡인 《파랑새》의 주인공들 이름이다.

마테를링크가 1906년에 쓴 희곡이 1908년에 초연되었고 1909년에 단행본으로 출간되었다. 큰 인기를 끈 《파랑새》는 여러 언어로 번역되었고, 일본에는 1911년에 《아오이 토리》(青い鳥, '파랑새'라는 뜻)라는 제목으로 출간되었다. 이 책에 주인공들 이름인 '틸틸'Tyltyl(오빠)과 '밀틸'Miltyl(여동생)은 각각 '치카오'(近雄)와 '미치코'(美智子)로 번역되었다. 앞 글자 '치'와 '미'는 원전에 나온 원래 이름을 연상시키도록 선택한 글자이고, 그 다음 글자들은 일본어에 친숙한 발음으로 적절히 타협하여 옮긴 것이다. 1915년에는 번역자 와카츠키 시란이 같은 제목 '파랑새'로 옮기면서 등장 인물 이름을 원어 발음에 조금 더 가깝게 '치루치루'(チルチル)와 '미치루'(ミチル)로 옮겼다. 미치루는 일본에서 쓰는 여자 이름 미치루(みちる)와 발음도 같아서 독자들이 더 친숙하게 느꼈을 듯하다.

1980년 후지 TV에서 애니메이션 〈파랑새〉를 발표했는데, 여기도 주인공들 이름은 여전히 '치루치루'와 '미치루'로 나온다. 1990년대를 거쳐 2000년대에 이르기까지 국내의 《파랑새》 번역본은 일본어로 번역한 책을 다시 번역한 중역본들이 대부분이었기에 '치루치루' 또는 '치르치르'가 그대로 사용되었고,

'치르치르와 미치르', '치르치르 남매의 행복 이야기' 같은 제목으로 출간되었다. 혜은이의 노래 〈파란 나라〉는 1985년도에 발표된 곡이므로 작사가는 일본 애니메이션이나 일본어 번역본, 또는 국내 중역본들의 영향을 받았을 것이다. 프랑스 어 원전 희곡을 직접 완역한 책이 출간된 건 2015년이다. 즉 주인공들 '틸틸'과 '밀틸'이 한국에서 자기들의 원래 이름을 온전한 작품 속에서 온전히 되찾게 된 것은 원작 발표 후 일백 년이 지나서였다. 일본에서도 최근에는 '치루치루'나 '미치루' 대신 '틸틸'(ティルティル)이나 '밀틸'(ミルティル)로 표기하자고 주장하는 사람들이 있긴 하지만 발음이 더 어렵고, 무엇보다 '치루치루/미치루'라는 표현을 너무 오래 써 왔기에 그렇게 바꾸는 게 쉬울 것 같진 않다. 처음 설정한 것이 나중에 잘못된 것으로 밝혀졌는데도 바꾸지 않고 그냥 쓰는 경우는 번역 분야말고도 많다. 예컨대 과학 분야에서는 양극에서 음극으로 전류가 흐른다고 규정되어 있는데 실제 전자의 이동 방향은 그 반대라는 사실이 나중에 밝혀졌다. 그렇지만 이미 굳어진 관행을 뒤바꾸지 않고 그대로 사용하고 있다.

고고학에서는 정설로 여겨졌던 기존 지식이 새로운 유물이 출토되고서 뒤바뀌는 경우가 종종 일어난다. 우리는 종이가 글자를 적는 용도로 중국의 채륜에 의해 발명된 것이라고 알고 있지만, 수백 년 앞선 시대에 사용된 종이가 발견되면서 기존 학설이 흔들렸다. 용도에 관해서는 여전히 논란 중인데 기록 용도가 아니라 약재 포장 용도로 먼저 사용되었을 가능성이 크다. 현대 중국에서 대규모로 발굴 작업이 진행된 대표적인 유적으로는 진시황 병마용, 마왕퇴한묘, 곽점초묘 등이 있다. 곽점초묘에서 《역경》(주역)이 발견되었고, 이 발견으로 오랫동안 당연시되었던 정설 하나가 무너졌다. 《역경》이 유교의 경전이 된 것은 한대 이후라는 것이 기존 학설이었는데, 유교의 주요 경전을 언급하는 "시, 서, 예, 악, 역, 춘추"라는 구절이 발견되면서 그 시기가 이백 년 정도 앞당겨지게 되었다.

과학 기술의 발전은 고고학 지식도 발전시킨다. 2011년에는 위성 영상 기술을 통해 미발굴 피라미드 열일곱 기가 발견되었다. '라이다'LIDAR는 물체에 반사되는 전자기파를 분석하여 물체의 형태를 구성해 보여 주는 장치로, 자율주행차가 물체를 3차원으로 인식하는 기술 중 하나다. 이 라이다 장치를 잘 활용하면 지하에 묻힌 유적의 규모와 형태를 미리 볼 수 있다. 라이다 장치로 과테말라의 마야 문명 유적지를 탐사한 결과, 우리가 알고 있는 것보다 훨씬 방대한 미발굴 유적이 있음이 확인되었다.

자신이 새로 개척한 지식 영역에서 세상에 해로운 일이 일어나고 있음을 확인했을 때 그 지식인은 어떤 선택을 해야 하는가. 참다운 지식인이라면 이 사실을 널리 알리고 다함께 개선

방법을 궁리해야 할 것이다. 그렇게 하고자 했는데 아무도 자기 말을 믿어 주지 않고 오히려 신변의 위협까지 받았던 과학자가 있다. 물리학자 클레어 패터슨(1922~1995)은 지구의 나이가 사십육억 년이라는 것을 처음으로 입증한 인물이다. 그는 연구를 진행하다가 인체에 해로운 납 성분이 대기 중에 너무 많이 퍼져 있다는 점을 알아내고 의아하게 여겼다. 지층의 연대별 성분들을 분석하던 중에 1920년부터 납 성분이 급격하게 증가했음을 발견했고, 그것이 1920년대의 폭발적인 자동차 보급 때문이라는 점을 알아냈다. 자동차 매연이 대기 중에 가득 찼던 것인데, 당시에 생산되던 유연 휘발유(납 성분이 포함된 휘발유)가 주요 원인이라는 점을 알아냈다. 진상이 드러났고, 과학자는 자신의 소명을 다했다. 석유 회사들의 압력, 회유와 모진 협박에도 아랑곳하지 않고 그는 유연 휘발유 판매와 생산 금지를 위해 노력했고, 마침내 유연 휘발유 유통 금지 법안이 통과되었다. 납 중독 위험으로부터 수많은 인류의 생명과 건강을 지킨 것이다. 주유소에서 흔히 볼 수 있는 문구인 '무연 휘발유'를 볼 때마다 클레어 패터슨의 노고를 떠올린다. 앎이 삶을 구했다.

2005년만 하더라도 '태양계 행성 중 하나인 명왕성' 같은 구절을 흔하게 볼 수 있었지만, 이듬해 세계 천문학회에서 명왕성의 태양계 행성 지위가 박탈된 다음에는 당연하게도 그런 말이 사라졌다. 그렇다 해도 명왕성이 바뀐 건 아니고 그저 명왕성을 바라보는 우리의 기준이 달라졌을 뿐이다. 앎은 확장되고 더 수준 높은 지식으로 대체된다. 단테《신곡》'지옥 편' 제1곡 제17행에 "올바른 길로 인도하는 행성의 빛살"이라는 구절이 나온다. 우리 시대 기준으로 읽으면 이 행성이 수성, 금성, 화성, 목성, 토성 중 하나일 거라 추정하겠지만 실제로는 태양을 가리킨다. 그 시대에는 지구가 중심이었고 태양도 행성 중의 하나라고 여겨졌다. 그것이 그 시대의 진실이다. 오늘날의 과학적 잣대로 판단해서는 안 된다. 그러니 달라진 현대의 관점과 지식으로 고대의 문헌들을 해석하면 자칫 치명적인 오류를 범할 수 있으니 조심해야 한다. 프랑스를 여행 중인 어떤 이가 트위터에 올린 고속열차 떼제베 사진을 본 적이 있다. 그런데 덧붙여진 문구가 "프랑스 케이티엑스"인 것이 재미있다. 그 사람도 재미있으라고 그렇게 올린 건지 모르겠지만, 한국의 케이티엑스가 프랑스 떼제베의 기술로 만든 고속열차이기 때문이다. 고전 작품이나 고대 문헌들을 해석할 때 현대에 와서 바뀌거나 새로 만들어진 용어나 개념을 잣대로 삼아 판단하면 자칫 엉뚱한 해석이 나올 수 있다.

현대의 관점에서만 고전을 읽으면, 플라톤은 민주주의를 혐오한 파시스트가 되고 아리스토텔레스는 노예제를 옹호한 파렴치한 경제 사상가가 되며 유클리드는 구면이나 쌍곡면의 가능성도 예상치 못 했던 어설픈 기하학자가 되어 버린다. 우리는 초등학교 때 삼각형의 내각의 합이 180도라는 것을 배웠다. 그런데 항상 그럴까? 완벽한 평면 위에서는 항상 180도이지만, 구부러진 곡면 위에서 삼각형 내각의 합은 180도보다 클 수도 있고 작을 수도 있다. 지구를 생각해 보자. 지구 위에 삼각형을 그리면 펑퍼짐하게 그려지므로 내각의 합은 항상 180도보다 커진다. 말 안장 위에 삼각형을 그리면 쪼그라든 형태가 되므로 180도보다 작아진다. 가우스, 보여이, 로바쳅스키 같은 수학자들을 주축으로 울퉁불퉁한 세계를 설명하는 기하학이 새로이 등장했다. 이른바 '비유클리드 기하학'인데 '비'가 붙어 있어서 유클리드 기하학을 부정하는 분야처럼 보이기도 하지만, 실은 유클리드 기하학을 포함하여 훨씬 더 범위가 넓은 기하학이다. 우주가 본질적으로 울퉁불퉁하다는 점은 뉴턴 시대까지만 해도 상상조차 할 수 없었지만, 물리학에서는 아인슈타인이 등장하고 수학에서는 앞서 말한 선구자들이 등장하면서 학문의 판도가 바뀌었다.

철학자 칸트는 절대 불변하는 뉴턴의 평평한 시공간 개념을 굳게 믿었고, 그런 확고한 믿음 위에 《순수이성 비판》을 썼다. 학문의 발전으로 말미암아 칸트가 보편타당한 토대로 여겼던 전제들은 더 이상 유의미하지 않다는 점이 밝혀졌다. 뉴턴의 절대적 시간과 공간은 아인슈타인의 상대성 이론에 따른 시공간 개념으로 논박되었고, 유클리드의 절대적 기하 공간은 비유클리드 기하학으로 대체되었으며, 논리학과 수론의 완전무결함과 보편성은, 모든 체계에는 증명 불가능한 명제가 항상 존재함을 증명한 쿠르트 괴델(불완전성 정리)에 의해 무너졌다. 원인과 결과에 따른 연속적 운동과 인과율의 세계는 양자역학이라는 새로운 관점에 자리를 내주었다. 확실히 알 수 있는 것이 아무것도 없다는 것을 알아내기까지 너무 오랜 시간이 걸렸다. 그것이 우리 인류가 밝힌 냉정한 현실이요 진실이다. 그렇다고 좌절할 필요는 없다. 모르는 게 무엇인지 알아야 새로운 것을 제대로 알 수 있기 때문이다. 우리의 상상력과 가능성에는 한계가 없다.

별의 구성 요소와 우리 몸의 구성 요소가 같다는 것을 처음 발견하고 규명한 과학자의 경이로움과 희열은 어땠을지 떠올려 보자. 두 블랙홀이 충돌하면서 발생한 어마어마한 에너지가 공간을 요동치게 하고 그 출렁임이 퍼지고 퍼져서, 아주 미세한 울림이 되어 십삼억 광년 떨어진 지구까지 도달했다. 그것을 관측해 낸 현대의 과학적 성취도 놀랍지만 일백 년 전에 그 중력파를 예측한 아인슈타인의 혜안도 놀랍다. 1977년에 발사된 보이저 호는 토성 옆을 지나던 1990년 2월 14일 밸런타인데이에 지구 방향으로 카메라를 돌려 사진을 찍었다. 보이저 촬영팀 책임자였던 천문학자 칼 세이건은 그 사진 속의 작은 지구를 '창백한 푸른 점'이라고 표현했다. 우주 수준에서 보면 우리는 티

끝처럼 아주 미미해 보인다. 그런데 역설적으로, 그 한계를 알고 나면 비로소 우리의 정신은 저 은하계 너머로, 또는 보이지 않는 어떤 세계로 한없이 확장될 수 있다. 칼 세이건은 《코스모스》에 이렇게 적었다. "별의 구성 물질로 이루어진 생명체가 별에 관해 숙고할 줄 알게 되었다."

5
통계와 확률로 사실적 미래 전망하기

내가 초등학생 때는 과학 잡지에 '안드로메다 성운'이라는 표현이 쓰였던 것으로 기억한다. 그때는 미국의 천문학자 에드윈 허블이 그 별무리(성운)의 정체가 '은하'라는 점을 확인하고서 한참 지난 시점이었는데도 일상 영역에서는 '안드로메다 은하'라는 표현이 아직 정착되지 않았던 것이다. 천문학자들은 오십 억 년 뒤에 우리 은하와 이웃 은하인 안드로메다 은하가 충돌할 것으로 전망한다. 충돌이라는 표현을 쓰면 별들끼리 막 부딪치는 위험한 이미지가 떠오를 듯한데, 충돌 말고 합병 정도로 해 두자. 그런데 오십억 년 뒤라니! 우리 삶과는 전혀 관련이 없어 보이는 일이지만 그래도 우리 정신은 시공을 넘나드는 것이기에 오십억 년 뒤의 세상까지 얼마든지 상상하고 예측해 볼 수 있다. 합리적인 근거에 기반한 사실적 미래를 미리 볼 수 있다는 것이다.

겨울철 밤하늘에 보이는 오리온 자리의 별들 중 H자 모양의 몸통에서 왼쪽 위에 있는 것이 베텔게우스라는 별인데, 천문학자들은 이 별이 수명이 다해 가는 중이라서 조만간 폭발할 거라고 전망한다. 백삼십팔억 년이라는 우주 역사를 다루는 천문학에서 '조만간'이라는 시간은 몇 주 후가 될 수도 있고 몇 만 년 후가 될 수도 있어서 언제 폭발할지는 알 수 없지만 그 시간 범위 안에서 조만간 폭발할 것임은 분명하다. 생명체처럼 별에도 정해진 수명이 있기 때문이다. 물질을 이루는 최소 구성 요소 중 하나인 전자는 어디에 있는지 위치를 정확히 아는 것이 불가능하다. 그렇지만 어느 범위 안에 있는지 아는 것은 항상 가능하다. 손오공이 어디 있는지 알기는 어렵지만 부처님 손바닥에 있는 것은 분명한 것처럼 말이다. 어떤 범위 안에서 일어날 사실 가능성을 따지는 분야가 통계와 확률이다. 통계와 확률은 사실적 미래를 비교적 정직하게 알려 준다.

내비게이션 위치 정보, 신용카드 결제 기록, 사용자들의 웹사이트 검색어 등 이런 종류의 대규모 자료들을 '빅데이터'라고 부른다. 에레즈 에이든와 장바티스트 미셸이 쓴 《빅데이터 인문학》에는 변경되거나 소멸할 것이 자명한 언어 표현들을 분석하는 내용이 나온다. 영어의 불규칙 동사들을 그 예로 들고 있는데, 예컨대 drive라는 동사의 과거형과 분사형은 drove-driven인데, 인터넷 검색어, SNS 사용 어휘 등 빅데이터를 분석해 보면 요즘 젊은 층에서는 drived-drived라고 쓰는 사람들이 점차 늘어나는 추세라고 한다. 그러니까 시간이 흐를수록 drove는 줄어들고 drived가 늘어날 것임이 분명하며, drove라는 어휘는 '언젠가는' 소멸한다. 인터넷과 디지털 자료가 있었던 시대는 아니지만 수집 가능한 문헌들을 모두 모아 분석한 결과, '메리 크리스마스'Merry Christmas라는 인사말이 특정 시기 이후에 폭발적으로 사용되기 시작했다는 점이 밝혀졌다. 그 특정 시기란 작가 찰스 디킨스가 《크리스마스 캐럴》을 발표한 시점이었다. 당시 이 소설의 폭발적인 인기를 고려하건대 '메리 크리스마스'라는 말은 디킨스가 유행시켰다고 보아도 무방하다.

'뉴턴 하이라이트' 시리즈 《통계와 확률의 원리》에는 일본 프로야구 선수 중에 4월~7월 출생자가 많은 이유를 분석한 내용이 나온다. 일본에서는 4월 2일 출생자부터 이듬해 4월 1일 출생자가 한 학년을 이룬다. 그러니까 거의 일 년 차이가 나는 아이 둘이 같은 학년이 될 수도 있다. 어린이들의 신체 발달 단계 역시 큰 차이가 나기 마련인데, 학년이 같으면 아무래도 키가 크고 덩치도 좋은 아이들이 경쟁에 유리하고 야구부에서 두각을 나타내게 된다. 프로 선수가 되기까지는 숱한 경쟁을 거쳐야 하는데, 결과적으로 보면 성인이 되기 전에 이미 어느 정도 경쟁 후보군이 추려져 있다. 4월~7월 출생자들로 말이다.

어느 부부가 아들, 아들, 아들, 이렇게 세 번 연속으로 아들을 낳았다고 해 보자. 그러면 딸도 원하는 부부는 분명 다음에는 딸

이겠지 하고 기대를 하게 된다. 실제로는 일어날 확률이 반반인데도 앞서 일어난 사건들이 앞으로 일어날 일에 영향을 끼친다고 생각하여 더 높은 확률을 기대한다. 이것을 '몬테카를로의 오류'라고 부른다. 카지노로 유명한 도시 몬테카를로의 이름을 본떴다. 앞서 일어난 사건들을 토대로 확률을 갱신하고 조정하는 방법은 토머스 베이즈(1701~1761)가 고안했다. 좋아요를 누른 횟수나 빈도를 계산하여 음악이나 영상을 추천해 주는 알고리즘은 '베이즈 정리'에 의한 것으로, 새로운 선택을 할 때마다 데이터가 누적되고 확률 역시 새롭게 계산되어 갱신된다. 넷플릭스 영화 추천 알고리즘도 마찬가지 원리를 따른다. 이런 방식이 AI 시대에 주목받게 될 것임은 굳이 통계를 보지 않아도 알 듯하다.

다수결은 우리가 흔하게 사용하는 의사 결정 방식으로 언뜻 보면 공정한 것 같지만 실제로는 불합리한 점도 품고 있다. 선거에서 어부지리로 당선된 최악의 후보를 '콩도르세 승자'라고 부른다. 프랑스 혁명기에 활동했던 정치학자이자 수학자인 니콜라 드 콩도르세는 투표 과정의 합리성을 수학적으로 해명하려고 애썼는데, 다수결 방식에 불합리한 최악의 결과를 초래할 가능성이 반드시 포함된다는 점을 알아냈다. 1972년에 노벨상을 받은 미국의 경제학자 케네스 애로 역시 다수결의 원리가 합리적 의사 결정을 낳지 못한다는 것을 수학적으로 증명했다. 겉으로 공평해 보여도 모순을 품고 있는 일들이 세상에 얼마나 많은가.

생텍쥐페리의 《어린왕자》에는 코끼리를 삼킨 보아뱀 그림이 나온다. 이 그림은 겉으로만 언뜻 봐서는 중절모 같기도 하고 위로 불룩한 그래프 같기도 하다. 평균값을 알아내려고 열심히 표본 조사를 하고 있는 사람이 그 그림을 본다면 정규분포 그래프가 떠오를 것이다. 정규분포란 평균값을 알아내는 방법으로, 우리가 알고자 하는 어떤 집단에서 샘플을 뽑아 평균을 구한 다음 그래프상에 늘어놓으면 중간이 봉긋한 언덕 모양을 이루는 것을 의미한다. 처음에는 들쭉날쭉하지만 충분한 샘플로 충분하게 여러 번 조사를 하면 이 그래프 모양에 점점 가까워진다. 신기한 점은 우리가 알고자 하는 원래 집단의 구성원 분포 모양이 어떠하든 정규분포 모양은 항상 일정하다는 것이다. 즉 원래 집단의 구성원들 분포를 정확히 알 수는 없지만 정규분포 그래프로 평균값은 거의 정확하게 알아낼 수 있다. 봉긋한 모양의 정규분포에서 가장 높은 언덕의 높이가 우리가 알고자 하는 평균값이다. 그 평균값을 기준으로 정규분포 곡선은 좌우 대칭을 이룬다. 정규분포는 1700년 무렵부터 연구되기 시작했고 수학자 라플라스, 가우스 등이 연구를 발전시켰다. 동영상이나 이미지 편집 프로그램을 조금이라도 다루어 본 사람이라면 '가우시안 블러'라는 보정(뽀샵) 필터를 알 것이다. 해당 영역을 주변의 평균값 정도로 맞춰 살짝 흐리게 처리함으로써 부드럽고 자연스럽게 보이도록 하는 도구다. 여기서 '가우시안'이

가우스의 정규분포를 의미한다. 그러니까 정규분포란 한마디로 평균값을 잘 알아내는 방법이다.

1800년대 후반에 활동한 수학자인 앙리 푸앵카레는 정규분포를 이용해 동네 빵집 주인이 무게를 속여서 판다는 사실을 알아냈다. 빵집 주인 입장에서는 진상 손님에게 잘못 걸렸다 여겼겠지만, 빵집 주인의 진상이 밝혀졌으니 마을 주민들에게는 좋은 일이었다. 푸앵카레는 빵의 무게를 매일 기록했다. 일 년쯤 쌓인 기록으로 그래프를 그려 보았더니 950그램을 평균값으로 보여 주는 정규분포 그래프가 나왔다. 가격표에는 1킬로그램이라고 붙여 놓고서 실제로는 950그램어치 빵을 팔아 온 것이다. 빵집에 가서 따졌는데, 빵집 주인은 여전히 정신을 못 차리고 한 번 더 수학자 손님과 주민들을 속였다. 푸앵카레가 올 때만 그날 만든 빵 중에서 가장 큰 빵을 주었고 빵의 양을 늘리지는 않았다. 푸앵카레가 그 사실을 알아챈 것도 정규분포 그래프였는데, 정규분포 모양이 깨지고 한쪽으로 쏠려 버렸기 때문이었다. 정규분포는 이렇게 평균치에서 뭔가 어긋나는 일이 발생하고 있는 것을 점검할 때 유용하기 때문에 공장의 품질 관리에 활용된다. 정규분포는 우리 삶에 영향을 미치는 통계의 진실한 속성을 가장 친숙하게 보여 준다. '평소 너답지 않은데?' 하는 말을 누구한테서 듣는다면 자기 삶의 상징적인 정규분포 곡선을 그려서 평균치를 한번 따져 보는 것도 좋겠다.

평균은 매우 중요하고 유용하지만 평균이 초래하는 함정에 빠지지 않도록 조심해야 한다. 빌프레도 파레토가 제시했던 2대8 법칙에서 알 수 있듯이 20퍼센트가 전체 자원의 80퍼센트를 차지하는 것이 현실이기 때문이다. 99명의 연소득이 3천만 원이고 1명의 연소득이 3천억 원일 때 이들 100명의 평균 연소득은 약 30억 원이다. 사태의 진실을 잘 알려면 평균에 현혹되면 안 된다. 의료 통계를 연구하는 스웨덴의 한스 로슬링 교수는 대규모 표본의 미미한 차이보다는 소규모 표본의 두드러진 차이가 항상 더 중요하다고 강조한다. 중국이 내전에 휩싸였던 1920년, 다리가 끊긴 강 앞에 부대원들이 멈췄다. 지휘관은 참모에게 수심과 병사들 평균 키를 보고하라고 지시했다. 평균 수심은 1.5미터 정도였고 병사들의 평균 키는 165센티미터 정도였다. 지휘관은 도하 명령을 내렸고 엄청나게 많은 병사들이 물에 빠져 죽었다. 얕은 곳은 1미터였지만 깊은 곳은 2미터가 넘었기 때문이다.

국을 끓이면서 소금을 적당히 친 다음 휘휘 젓고 수저로 살짝 간을 본다. 한 스푼만으로 냄비 전체를 판단하는 것인데, 그것이 바로 통계의 목적이다. 그렇지만 통계도 소금이 국물에 잘 섞여야 의미가 있는 것이다. 소금을 잘 안 풀고 맹탕인 쪽의 맛을 보았다가는 소금국을 만들 수도 있다. 《세상을 보는 눈, 통계》를 읽어 보면, 분석 대상으로 삼을 표본을 잘 선별하는 것이

중요하다는 사실을 일깨워 준 일화가 나온다. 1936년에 주간지 〈리터럴리 다이제스트〉는 구독자를 포함하여 전화번호, 자동차 등록 정보 등을 활용해 1천만 명의 정보를 수집하고 대선 후보 선호도 조사를 진행했다. 237만 명이 설문에 응답했고 6대 4 정도로 랜든 후보가 루스벨트 후보를 무난하게 이길 것으로 예상되었지만 막상 대통령에 당선된 인물은 루스벨트였다. 애초에 그 잡지를 구독하고 전화와 자동차를 보유하고 있는 유권자들은 보수적인 정치 성향을 띤 사람들이었던 것이다. 4대 6으로 루스벨트 후보가 이길 것이라고 예측한 매체는 갤럽이었는데, 5만 명에 불과한 표본으로 정확도 높은 예측을 선보여 주목을 받기 시작했다. 표본을 고르는 것은 매우 중요하다. 무지보다 편견이 결과에 더 큰 영향을 끼치기 때문이다.

새로 조성한 아파트 단지나 공원 등을 주민들이 이용하기 시작하면 어김없이 조경 계획에 없던 새로운 지름길이 흙바닥을 드러내며 생겨나기 시작한다. 울타리에는 물론 개구멍도 생긴다. 그런 건 참 미리 예측하기 어렵지만, 주민들이 항상 최단 경로를 원한다는 사실만은 분명하다. 이를 달리 말하면 사람들 행동들 중에 예측 가능한 특성도 있다는 뜻이 된다. 지름길 같은 것을 미리 만들어 주면 그 지름길을 이용할 것이라는 생각에 기반한 특성을 '행동 유도성'(affordance)이라고 부른다. 2017년에 노벨 경제학상을 수상한 경제학자 리처드 세일러가 이 분야를 연구한다. 저서《넛지》에 실생활에서 볼 수 있는 여러 사례가 나온다. '넛지'Nudge는 사용자 행동 유도성을 상징하는 단어로, 친한 사람의 옆구리를 쿡 찌르며 뭔가를 넌지시 권유하는 것을 가리킨다. 지하철 출입구의 계단을 피아노 건반처럼 만들어 소리가 나도록 해 두었더니 에스컬레이터 사용자는 줄고 계단 사용자들이 늘어났다. 남성용 소변기 안에 파리 스티커를 하나 붙여 놓았더니 소변이 주변으로 튀는 일이 줄어들었다. 화물차 뒤에 왕눈이 야광 스티커를 붙였더니 추돌 사고가 부쩍 줄어들었다. 초등학교 앞 횡단보도 양쪽 보도에는 노란색 발자국 스티커들이 붙어 있다. 어린이들은 놀이처럼 발자국 위에 서려고 한다. 어린이들이 찻길 가까이 접근하는 횟수가 줄어들어 더 안전해졌다. 형식이 일상의 내용에 부린 마술이다. 같은 값이면 넛지 효과.

사용자 행동 유도성은 '아' 다르고 '어' 다른 것이 사람 마음이라는 점을 잘 이용한다. 100점 만점에 72점을 받은 학생들이 교수에게 점수가 너무 짜다고 불만을 표시했다. 교수가 만점을 132점으로 높이고 96점을 주자 학생 불만이 잦아들었다. 설령 조삼모사라 해도 그저 형식의 위력만으로 그 누구의 양보나 희생 없이 누군가 더 행복해진다면 좋은 것 아닌가. 심리학자들이 실험을 해 보았더니 사람들은 몸을 깨끗이 씻고 나서는 판단이 깐깐해진다고 한다. 주변에 악취가 풍기면 판단이 가혹해지는 경향이 있다고 한다. 중요한 일을 앞두고 '목욕재계'를 해 왔던 게 다 이유가 있었던 것이다.

보기 좋은 떡이 먹기도 좋다고, 복잡한 수치보다는 한눈에 보이는 그림이 비연구자 입장에서는 이해하기가 훨씬 좋다. 이 점을 훌륭하게 활용한 인물 중에 그 유명한 플로렌스 나이팅게일(1820~1910)이 있다. 1850년대 영국군 야전병원 간호사였던 나이팅게일은 병원으로 이송된 부상자의 사망률이 40퍼센트가 넘는 것에 경악했다. 그러고는 그 원인을 분석하기 시작했는데 병원의 불결한 환경 때문일 거라고 생각해서 데이터를 수집했다. 충분한 데이터가 쌓이자 자신의 가정이 옳았음을 확신했다. 나이팅게일은 통찰력, 분석력뿐 아니라 대중 소통 능력도 뛰어났던 것 같다. 누구나 한눈에 보기 쉽게 파이(장미) 모양 그래프로 그 내용을 표현했다. 이 간결한 그래프는 국방 장관, 의회, 여왕까지 설득했다. 병원 시설은 청결하게 재정비되었고 부상자의 사망률은 40퍼센트에서 2퍼센트로 떨어졌다.

사용자 행동 유도성은 특정한 결과를 만들어 내기 위한 '유도 심문'으로 이용될 수도 있다. 내가 근무하는 회사의 임원이 점심식사 자리에서 '짜장 아니면 짬뽕?'이라고 먼저 물으면 볶음밥은 없냐고 묻기가 난감하다. 임원이 아니라 영향력이 엄청 큰 언론 매체를 상상해 보자. 이 언론 매체에서 발행하는 신문을 거의 모든 가정에서 구독하고 있다면? 이 언론 매체가 운영하는 라디오 방송을 거의 모든 가정에서 아침마다 청취한다면? 사용자 행동 유도성을 악용하는 매체가 있다고도 가정해 보자. 모든 데이터들을 오로지 특정 목적을 위해 왜곡하고 교묘하게 재구성한다면? 그 일을 너무나 감쪽같이 능수능란하게 해 낸 사례가 바로 나치 선전장관 괴벨스였다. '예 또는 아니오로만 솔직하게 대답하세요. 돈을 자주 훔칩니까?' 이렇게 덫이 숨겨진 질문에는 뭐라고 대답하든 트집이 잡힐 수밖에 없으며, 자주는 아니어도 훔친 적은 있다는 식으로 결론이 나기도 한다.

앞에서도 언급했던 드레퓌스 사건은 프랑스뿐 아니라 전 세계를 떠들썩하게 했던 마녀 사냥인데, 유대인 장교 드레퓌스가 독일군 첩자 누명을 썼던 사건이다. 프랑스 군은 이미 드레퓌스를 반역자로 정해 두고 증거를 조작했다. 독일군에 넘긴 서류 필체와 비슷한 필체를 만들기 위해 드레퓌스를 고문하여 온갖 자세로 글씨를 쓰게 했다. 결정적으로 활용할 증거가 만들어지지 않고 집을 샅샅이 뒤져도 증거가 될 만한 것이 나오지 않자 군은, 일부러 자기 글씨가 아닌 것처럼 속이는 능력을 지닌 주도면밀한 인간으로 드레퓌스를 몰아갔다. 선택지는 이미 정해져 있었고 언론 매체들은 더 자극적인 기사들을 쏟아 냈다. 드레퓌스 사건이 모두 정리되는 데 일백 년이나 걸렸다. 데이터 조작에서 비롯된 과오를 바로잡는 데 치러야 했던 대가는 수치로 따지기 어려울 것이다.

1992년 오스트레일리아에서는 오지도 않은 미래를 확정해 버리려는 시도가 있었다. 가령 복권 당첨번호가 001~100번 사이에서 정해진다면, 각 숫자에 해당하는 복권을 1장씩 100장 갖고 있는 사람은 100퍼센트 당첨자가 될 것이다. 이런 아이디어로 어느 투자 회사에서 그 주의 모든 숫자에 해당하는 로또를 사들였던 것이다. 당첨 확률이 700만 분의 1이었으므로 700만 장을 사야 하지만 시간이 부족하여 500만 장까지밖에 사지를 못했다. 운 좋게도 1등 당첨 숫자는 그 500만 장 안에 포함되어 있었고 투자 회사는 큰돈을 벌었다. 물론 그 반대의 불운한 경우도 생길 수 있었다. 애초에 700만 장을 모두 샀다면, 그건 사실상 확정된 미래일 것이다.

영국 방송 BBC에서 다큐멘터리를 하나 만들었다. 통계학자들이 개발했다는 경마 적중 시스템에 관한 내용이다. 실험에 참여한 사람들이 경마에 돈을 거는 순간부터 경마 당일의 순간까지 실시간으로 촬영된 영상이라서 조작이 있을 수 없다. 놀라운 것은 이 예측 시스템을 이용해 다섯 회 연속으로 1등 경주마를 맞혔다는 점이다. 나도 처음에는 내 눈을 의심했는데, 다큐멘터리 뒷부분에 나오는 해설을 보고서야 납득할 수 있었다. 방송사는 모든 경우의 수에 해당하는 촬영을 동시에 진행했다. 모든 참가자들을 모두 촬영하며 시작했던 것이다. 1주차 경마에서 1번 경주마부터 5번 경주마까지 골고루 당첨 번호가 배정되었다.

우승마 예측은 애초에 없는 시스템이었고 5분의 1로 나누어 사람들에게 1번 경주마부터 5번 경주마까지 우승 예상 경주마 번호를 보내 주었다. 그러면 다섯 그룹 중에 한 그룹에서 당첨이 나오게 된다. 이 당첨 그룹에 속한 사람들은 2주차에 다시 5분의 1로 나뉘어 우승 예상 번호를 받게 된다. 다섯 주 연속 1등을 맞힌 참가자는 그저 마지막까지 남을 수밖에 없는 경우의 수였던 것이다. 끝까지 살아남을 것 같은 강한 자가 따로 있는 것이 아니라, 그저 끝까지 살아남은 자가 승자인 것이다. 다윈이 주장하는 자연선택의 원리가 바로 이것이다.

 우리 주변에는 데이터가 넘친다. 그 데이터를 해석하는 방식은 무수히 많다. 데이터 자체를 속이는 일은 그렇게 쉬운 일이 아니지만, 데이터 해석 방식으로 눈가림을 하는 것은 그렇게 어렵지 않다. 따라서 우리가 진실을 더 잘 보려면 자료 해석 방식에 조금 더 관심을 기울여야 한다. 통계와 확률이 다가올 미래의 모습을 어느 정도 알려 준다고 해도 그것은 극히 미미한 작은 조각일 뿐이다. 당장 내일 날씨 같은 미래의 일은 여전히 알기 어렵다. 당대에 모든 것을 다 알 수는 없다. 원소 주기율표를 창안한 드미트리 맨델레예프는, 패턴을 보건대 그 자리에 존재할 것이 분명해 보이지만 아직 발견되지 않은 원소들에 대해 섣불리 규정하지 않고 빈칸으로 남겨 두었다. 빈칸은 후대에 차곡차곡 채워졌다. 이집트 격언 중에 이런 것이 있다. '미래를 향해 말하는 건 좋은 일이다. 미래가 그 이야기를 들어 줄 것이다.' 우리가 밝히지 못한 것은 후대에 맡기면 된다. 미래를 향해 기록해 둔 우리의 메시지를 우리 후손들이 해명하고 해독해 줄 것이다.

6
진짜를 가짜로 이해하기

오드리 토투가 출연한 영화 〈아멜리에〉는 프랑스뿐 아니라 한국에서도 큰 인기를 끌었다. '여세를 몰아' 〈아멜리에 2〉가 발표되었는데 〈아멜리에〉의 속편인 줄 알고 기대했던 관객들은 크게 실망했으며 배신감까지 느꼈다. 두 영화는 주연 배우만 같을 뿐 완전히 다른 영화였기 때문이다. 심지어 〈아멜리에 2〉의 제작 시기가 〈아멜리에〉보다 앞선다. 〈아멜리에 2〉는 나중에 〈나비가 날개를 펄럭이면〉으로 제목이 바뀌게 된다. 제레미 아이언스가 출연한 영화 〈데미지〉도 한국에서 커다란 인기를 끌었던 작품이다. 그 인기에 '편승하여' 〈데미지 2〉가 나왔는데 〈데미지〉 감독이 세상을 떠난 지 한참 뒤에 나온 것이라 궁금증을 자아냈다. 〈데미지 2〉라는 제목으로 개봉된 영화는 베르나르도 베르톨루치가 연출한 〈스틸링 뷰티〉였다. 베르톨루치는 졸지에 다른 감독이 만든 영화의 속편을 만든 감독이 된 것이다. 달콤한 유혹이 종종 속삭인다. 득이 될 게 많다면 진실 따위가 뭐가 중요하냐고, 죽을 죄도 아닌데 조금 속이는 것쯤 대수냐고.

가짜인 줄 알고서도 일부러 외면하는 경우도 있지만 가짜일 생각을 애초에 못하는 경우도 많다. 에우클레이데스(유클리드)의 《원론》은 오랜 세월 동안 전 세계의 기하학 교과서로 쓰였고, 인류의 추상적 사고를 발전시키는 데 엄청나게 기여했다. 중국에서 오래 활동했던 예수회 선교사 마테오 리치(1552~1610)는 이 저술이 나온 지 무려 천팔백 년이 지난 후에 《기하원본》이라는 제목으로 이 책을 중국에 처음 소개한다. 조선의 실학자 최한기는 한문으로 된 이 책을 읽고 친구인 김정호에게 소개해 주었다. 김정호는 서양의 수학 지식은 부족했으나 기하학적 감각은 뛰어났다. 물론 실제 지형 답사를 열심히 하긴 했으나 그보다는 조선의 기존 지도 데이터들을 분석하여 거리와 면적, 지형 등을 파악하고자 노력했다. 김정호가 대동여지도를 제작하려고 전국을 세 번 돌고 백두산을 여덟 번 올랐다는 이야기가 있다. 사료에는 어디에도 그런 내용이 없는데, 아마도 후대 사람들이 그의 노고를 헤아리고자 만든 이야기 같다. 그렇지만 이렇게 각색된 이야기는 김정호를 이해하는 데 별로 도움이 안 된다. 지도 제작자 김정호를 김정호답게 만드는 것은 백두산을 여러 번 오른 노고가 아니라 왕실 문헌보관소를 들락거리며 데이터를 수집하고 분석하던 모습이기 때문이다.

매년 2월 14일이 되면 밸런타인데이만 떠올리지 말고 안중근 의사도 생각하자는 이야기들이 들려온다. 안중근 의사가 사형 판결을 받은 날이기 때문이다. 여기까지는 좋은데, 그와 더불어 항상 소개되는 어머니 조 마리아 선생의 편지가 문제다. 어머니 조 마리아 선생 역시 독립운동가였는데, 선생이 아들 중근에게 조선의 남아답게 당당히 죽음을 받아들이라는 편지를 보냈다는 것이다. 친절하게 그 편지 내용까지 일부 소개가 되었지만 실제로는 존재하지 않는 내용이다. 그런 편지가 쓰였다는 기록도 없고 당연히 발견된 적도 없다. 《안중근 평전》을 쓴 역사학자 황재문은 후대의 작가들이 극적 감동을 높이기 위해 각색하면서 추가했을 거라고 추정한다.

소설이나 영화, 연극 등에서는 예술적으로 허용되는 표현들이 있으며, 독자와 관객은 그런 점을 다 이해하면서 작품을 향유한다. 그렇지만 그런 이야기들이 작품 영역 바깥의 실제 세계의 정보들과 뒤섞이면 곤란하다. 역사와 문학이 뒤섞이면 안 된다. 전쟁터에 뛰어들어야 했던 여자들을 인터뷰했던 작가 스베틀라나 알렉시예비치는 《전쟁은 여자의 얼굴을 하지 않았다》에서, 그들의 울음과 비명을 극적으로 묘사해서는 안 되며 삶 대신 문학이 그 자리를 차지하면 안 된다고 말했다. 안중근 의사의 진실한 정신에는 아무런 문학적 수식이 필요치 않다. 우리가 안중근 의사의 정신을 기리고 잘 본받으려면 있는 그대로의 진실을 알고자 하는 노력이 필요하다. 물론 문학과 드라마는 우리 삶에 꼭 필요하다.

우리 삶에는 가짜가 필요한 경우가 의외로 많다. 세상에는 진짜보다 더 진짜 같은 가짜들이 있는데, 가령 우주 배경 영화에서 음향 효과가 없다면 보는 내내 재미가 하나도 없을 것이다. 다행히도 우주 영화들은 무척 실감나는 음향 효과들을 보여준다. 그렇지만 실감이 난다 해도 진짜는 아니다. 소리란 공기의 진동이라서 진공인 우주에는 우리가 들을 수 있는 소리가 없다. 현금인출기에서 돈 셀 때 나는 촤르르륵 소리는 가짜다. 그렇지만 그 소리가 들리면 정상적으로 입출금이 되겠구나 하고 안심하게 된다. 우리에게 도움을 주는 가짜 소리다. 서서히 움직이는 전기차에서 위이잉 소리가 나는 것은 보행자에게 조심하라는 조용한 경적 같은 것이지 엔진 소리가 아니다. 전기차는 엔진이 따로 없다. 운행하며 내는 그 윙 소리는 보행자를 지켜주는 가짜 소리다.

애플뮤직 서비스가 시작된 후 '음악 랜덤 재생' 기능에 대해 사용자들의 건의 사항이 올라왔다. 들었던 음악이 자꾸만 다시 나온다는 것이다. 방금 던진 주사위 숫자가 6이었다 해도 다시 던지면 연속으로 6이 또 나올 수 있는 것처럼, 완벽하게 랜덤이면 재생된 게 무작위로 다시 나올 수도 있을 것이다. 그렇지만 그렇게 만들면 우리가 보기에는 랜덤 같지 않기 때문에 더 랜덤답게 만들기 위해 애플은 기꺼이 프로그램 명령을 수정했다. '모든 곡이 한 번씩 재생되기 전까지는 같은 곡을 반복하여 재생하지 말 것'이라는 랜덤하지 않은 조건을 추가했다. 가짜 랜덤 덕분에 우리는 더 자연스럽게 음악을 듣게 되었다.

비행기를 타다 보면 안전수칙에 관한 방송을 듣게 된다. 그중에는 "비행기가 바다에 내렸을 때 사용하는 구명복은…"이라는 구절이 있는데, 설령 '바다에 추락했을 때'가 원뜻이라 해도 일부러 '내렸을 때'라고 돌려서 표현함으로써, 쓸데없는 공포심을 차단하고 승객이 안전수칙 내용에 좀더 집중할 수 있도록 돕는다. 병원에 입원 중인 어느 할머니가 체한 것 같다며 간호사에게 손을 따 달라고 부탁했다. 곤란해진 간호사가 의사에게 알렸더니 의사는 간호사에게 할머니 혈당 체크를 한 번 해 드리면 된다고 했다. 혈당 체크를 하려면 손가락을 바늘로 살짝 찔러서 나오는 혈액 한 방울이 필요한데, 체한 사람의 손을 따는 것과 얼추 모양새가 비슷하다. 진심 어린 가짜 진료 덕분인지 할머니는 신기하게도 속이 쑥 내려갔다.

로베르트 베니니가 연출하고 출연까지 한 영화 〈인생은 아름다워〉는 독일군에게 잡혀 유대인 수용소에 갇히게 된 이탈리아 가족의 이야기다. 아빠 귀도는 겁먹은 어린 아들 조슈아를 안심시키느라 거짓말을 한다. 지금 병정놀이를 하는 중인데 까다로운 놀이 규칙을 잘 지켜서 1등을 하면 탱크를 상으로 받게 된다고. 대신 울거나 엄마가 보고 싶다고 말하거나 간식을 달라고 보채면 점수가 깎인다고. 조슈아는 아빠 말대로 놀이 규칙을 잘 지켜 나가지만 아빠는 마지막 날 목숨을 잃고 만다. 갑자기 전해진 패전 소식에 독일군은 다 도망치고 주변이 조용해지자, 숨어 있던 어린 조슈아도 밖으로 나온다. 1등을 차지한 조슈아 앞에 연합군 탱크가 다가온다.

영화나 소설에 우리가 공감하고 감동하는 것은 그 작품 안에 삶의 진실이 풍부하게 담겨 있기 때문일 것이다. 잘 짜인 이야기의 세계는 현실보다 더 현실 같다. 카지노에는 홀과 짝을 맞히는 단순한 룰렛 게임이 있다. 카지노가 배경인 드라마에서 홀짝 룰렛 게임에 스물여섯 번 연속으로 짝수만 나왔다고 가정해 보자. 과연 시청자는 납득을 할까? 아무리 드라마라 해도 너무했다며 아무도 믿으려 하지 않을 것이다. 1913년 8월 모나코 몬테카를로의 한 카지노에서 실제로 스물여섯 번 연속으로 짝수가 나왔다. 스물여섯 번 연속으로 짝수가 나올 확률은 약 1억 3천7백만 분의 1이었다. 열 번 이상 연속으로 짝수가 나왔을 때 홀수에 돈을 걸려는 사람들이 몰려들었고 그 사람들은 모두 돈을 잃었다. 열다섯 번 연속으로 짝수가 나왔을 때는 너도나도 가진 돈 전부를 홀수에 배팅하기 시작했다. 이 사람들은 더 큰 돈을 잃었다. 결국 이 게임으로 돈을 딴 사람은 거의 없고 카지노만 큰 수익을 올렸다. 지금까지 계속 짝수가 나왔기 때문에 이번에는 홀수가 나올 것이라고 굳게 믿는 것이 앞에서도 언급되었던 '몬테카를로의 오류'다. 때로는 현실이 가짜 같고 드라마가 더 현실적이다. 드라마가 있을 법한 이야기를 주로 다루는 데 비해, 현실에서는 있을 법하지도 않고 도무지 부조리하고 불합리한 일들이 너무 많이 일어난다. 스베틀라나 알렉시예비치가 기록했던 전쟁이나 원전 재해 등을 경험한 사람들의 이야기는 너무 끔찍해서 사실 같지 않다며 출판사들이 대부분 거절했다.

월드컵에서 우승을 하려면 조별 리그 세 경기와 16강전, 8강전, 4강전, 결승 등 총 일곱 경기를 치러야 한다. 그렇다고 일곱 경기를 모두 이길 필요는 없고 끝까지 살아남기만 하면 된다. 예컨대 2022년 카타르 월드컵에서 아르헨티나는 약체라고 여겨졌던 사우디아라비아에게 첫 경기를 지고 그다음 경기들에서 두 번을 비겼는데도 마지막까지 생존하여 승부차기 끝에 우승까지 거머쥐었다. 월드컵에서 우승 후보로 거론되는 팀들이 대체로 일곱 경기를 치른다는 가정 아래 컨디션 조절을 하는 반면에, 조별 리그 통과가 목표인 팀들은 첫 경기부터 모든 것을 쏟아붓는다. 삼십 년 인생 계획을 세우는 사람과 삼 일 계획을 세우는 사람의 선택이 같을 수는 없을 것이다. 마지막 단계에 펼쳐질 일까지 미리 고려하는 사람은 눈앞에 펼쳐진 것에 연연하는 사람이 도무지 납득하기 어려운 선택을 할지도 모른다. 만일 마지막까지 반드시 가야 하는 상황이라면 어쩔 수 없이 거짓말을 해야 할 일도 생길 것이다.

　플라톤의 《국가》 앞부분을 보면, 소크라테스가 부유한 노인 케팔로스에게 살아가면서 겪는 일 중에 올바르거나 가치 있다고 여기는 것이 무엇인지 물어본다. 재물을 많이 소유하면 남을 속이지 않아도 되고 남에게 신세를 지지 않아도 되니 그게 가장 가치 있는 일이라고 케팔로스가 대답하자 소크라테스는 맞장구를 친다. "아주 훌륭한 말씀입니다, 케팔로스 님!" 소크라테스는 본심과 다른 말을 했다. 실은 더 올바른 앎을 전달할 요량으로 자기 생각과 다른데도 동의하는 척을 해 준 것이다. 곧이곧대로 자기 의견을 말해 버리면 그 순간 대화가 단절되기 때문이다. 케팔로스는 자기 입장을 대변하는 이들과 대화를 이어 가라며 잠시 자리를 비운다. 소크라테스는 케팔로스의 주장을 이어받아 대화를 이어 가는 다른 이들에게도 비슷한 전략을 취한다. 시치미를 떼고 그들 말에 동의하면서 대화를 진전시킨다. 그렇지만 대화 상대자는 조금씩 누적되는 주장의 오류 탓에 결국 자기 모순에 빠지고 무지를 인정할 수밖에 없다. 소크라테스는 그제서야 왜 자기가 처음에 거짓으로 동의했는지 진솔하게 해명한다.

　2차 세계대전이 한창이던 때에 연합군은 암호화된 독일군 메시지를 해독하려고 총력을 기울였다. 과학자 앨런 튜링이 당시 암호 해독에 큰 역할을 했다. 연합군은 이와 더불어 독일군 진영에 스파이 임무를 띤 요원들을 투입했다. 쿠엔틴 타란티노 감독의 영화 〈바스터즈: 거친 녀석들〉에는 독일군 장교로 위장하여 잠입한 영국군 장교가 나온다. 그는 독일 장교들과 함께 술을 마시던 중 술 석 잔을 주문하면서 손가락 세 개를 영국식 관습대로 펴는 바람에 정체가 탄로나게 된다. 영국 사람들은 검지를 하나 펴서 1, 검지와 중지 둘을 펴서 2, 검지와 중지와 약지 셋을 펴서 3을 센다. 독일 장교 아치 히콕스로 위장했지만 무의식중에 영국식으로 손가락을 펴서 술 석 잔을 주문했던 것이다. 이를 본 독일 장교 눈빛이 흔들린다. 독일인은 아무도 그렇게 수를 세지 않기 때문이다. 술집은 피바다가 된다. 스파이 작전은 실패했다. 아는 만큼 보인다고, 이 원고를 쓰면서 영화 〈인생은 아름다워〉를 다시 보았는데 독일군 장교가 수용소에서 지켜야 할 규칙을 유대인들에게 설명하면서 엄지부터 손가락을 하나씩 펴며 첫째, 둘째, 셋째 준수 사항을 열거하는 장면이 눈에 들어왔다. 습관은 정직하다.

거짓말은 진실의 반대말이 아니다. 진실하지 않은 가식적인 참말이 있는가 하면 진실한 거짓말도 있다. 어떤 여자가 남자에게 폭행을 당하고 있었다. 남자가 방심하는 잠깐의 틈을 활용해 여자는 피자집에 전화를 하는 척하고 911에 긴급 전화를 걸었다. 여자는 주소를 말하며 피자를 주문했고, 911 대원은 여자가 곤란한 상황에 처했음을 직감했다. 피자 주문 전화번호와 911

전화번호가 헷갈릴 일은 없기 때문이다. 대원은 차분하게 배달 서비스 상담원처럼 통화하면서 출동에 필요한 사항들을 확인했다. 여자는 폭행 사실을 피자 주문으로 암호화하여 911에 전달했고 911 대원은 그 암호화된 메시지를 잘 해독한 것이다. 이 진실한 가짜 의사소통은 발신자와 수신자 사이에 '뭔가 나쁜 일이 일어나고 있다'는 맥락을 공유했기에 가능했다. 진심어린 거짓말은 진실할 수 있다.

*

에필로그

'테세우스의 배'라는 유명한 일화가 있다. 고대 그리스의 장수 테세우스가 타던 배를 승리의 상징으로 오래 기념하기 위해 후대인들이 배의 낡은 부분들을 새 나무 조각으로 교체하며 조금씩 보수했다. 그러다가 세월이 많이 지나 테세우스가 탔던 배의 형태는 고스란히 남았지만 배를 처음 만들 때 썼던 자재들은 모두 후대의 새것들로 다 바뀌어 버렸다. 그렇다면 그 배는 테세우스의 배인가 아닌가? 인생에 빗대 보자면 테세우스의 배가 분명하다. 어른이 된 우리에게는 꼬마 때의 모습이 하나도 남아 있지 않고 지금의 나와 그때의 내가 서로 전혀 안 닮은 것처럼 보이지만, 그럼에도 과거의 나와 현재의 나는 동일한 나이기 때문이다. 우리는 테세우스의 배처럼 우리 자신의 인생을 돌보며 아주 조금씩 고쳐 나간다. 한 번에 새로운 배로 갈아타는 '인생역전' 같은 사건들이 더러 어떤 이들에게 일어나기도 하지만, 그것은 우연의 소관이라서 인생의 보편성으로 보기는 어려울 것 같다. 우리 인생에는 '포맷' 같은 것은 없고, 다만 부분적인 변화와 개선만 가능할 뿐이다.

등산을 하다 보면 정상에 오르는 올바른 길을 찾기 위해 잠시 내리막길로 가야 할 때가 있다. 정상을 향한 믿음이 없다면 아래로 향하는 것이 불안하겠지만 믿음이 있는 사람이라면 묵묵히 주어진 길을 한 걸음 한 걸음 더 디디며 계속 나아갈 것이다. 진실을 추구하는 일은 그렇게 한 걸음씩 더 앞으로 나아가는 일이다. 좁은 시야로만 세상 일을 보면 지그재그로 갈팡질팡하는 것 같아 보이기도 하지만, 넓게 보면 우리는 어느 한 방향을 향해 꾸준히 나아가고 있다.

배는 항구의 방파제 안에 정박되어 있을 때 가장 안전하지만 그것이 배의 존재 이유는 아니다. 배는 바다로 나가기 위해 만들어진 것이며 드넓은 거친 바다 안에서만 존재 이유를 찾을 수 있다. 거친 파도에도 견딜 수 있게 튼튼하게 만들어지지만 그 튼튼함이 대자연의 위력 앞에서 무사귀환을 항상 보장해 주는 건 아닐 것이다. 집을 나서는 순간부터, 집에만 있었다면 겪지 못했을 여러 일들을 두루 경험하고 나서, 집으로 다시 돌아와 지친 몸을 누이는 우리의 삶의 모습도 그러하다. 고통과 시련을 겪고 집에 돌아온 그 순간에는 미처 알지 못하지만 우리는 살면서 불현듯 더 성숙한 인간이 되어감을 느낀다.

쓴맛과 신맛이 어우러지면 요리의 풍미가 더 깊어지듯 인생의 깊은 맛 안에는 쓴맛과 신맛이 적절히 버무려져 있다. 영국 빅토리아 시대의 시인 앨프리드 테니슨은 세상을 떠난 벗을 추모하며 "아예 사랑하지 않는 것보다는 / 잃을지언정 사랑하는 것이 낫더라"라는 시 구절을 남겼다. 그는 인생의 진실을 통찰하여 인생의 쌉싸름하고 깊은 맛을 시로 표현했다. SF작가 테드 창의 원작 소설 《당신 인생의 이야기》를 토대로 만든 영화 〈컨택트〉에는, 외계의 지적 생명체에게서 고차원 언어를 배운 다음 자신에게 일어나는 모든 사건의 처음과 끝을 전체로 한 번에 조망하는 능력을 갖게 된 언어학자 루이스가 나오는데, 미래에 예정된 딸의 때이른 죽음을 알고도 남편에게 아기를 갖고 싶다고 말한다. 아주 길지는 않았지만 엄마와 딸로서 함께했던 인생의 그 시간들이 사랑으로 가득 차 있었기 때문일 것이다. 그 처연한 아름다움이 인생의 진실된 모습이다.

눈과 귀를 닫으면 세상 일들과 담을 쌓고 살 수도 있겠지만, 인생과 세상사의 진실을 알려면 넓고 복잡한 세계 속으로 나아가 사람들과 이야기를 주고받아야 한다. 마음이 통하는 사람들과의 대화는 즐거움과 행복을 주겠지만, 우리 주변에는 마음이 맞지 않는 사람들이 훨씬 더 많다. 그들이 나빠서라기보다는 사람이 만나서 한마음이 된다는 게 생각처럼 쉬운 일이 아니라서 그렇다. 진실에 관한 이야기를 나누는 것은 우리가 서로 한마음이 되려는 노력이다.

작업 노트

독서 목록을 대신하여

원고를 쓰면서 좋은 책들과 자료들을 많이 참조했다. 내가 주로 했던 작업은 좋은 책들과 영상 자료의 내용을 조금 더 알기 쉽게 간추려 소개하고, 주제에 잘 맞는 좋은 구절들이 서로 어떻게 이어져 있는지 그 연관성을 보여 주는 일이었다. 부디 이 책을 징검다리 삼아서 내가 소개하는 책들과 자료들도 읽어 주셨으면 좋겠다. 그러면 우리의 공감대 역시 더 넓고 깊어질 것이다.

괴테의 자서전으로 알려진 **《시와 진실》**(전영애 옮김)은 어린 시절 내용이 많은 부분을 차지하고 있기 때문에 괴테가 교양인으로서 성장하는 점진적인 과정을 살펴보기에 좋은 자료였다. 특별한 주제 없이 세부적인 사건들이 열거된 내용이라 재미는 별로 없지만, 이 책을 검토한 다음에 읽는 **《이탈리아 기행》**(홍성광 옮김)은 무척 재미있다. 《시와 진실》에서 나왔던 이야기와 아이디어들이 자연스럽게 이어지고 발전하기 때문이다. 본문에 인용한 구절은 펭귄클래식 《이탈리아 기행》을 참조했다. 괴테라는 이름의 무게에 부담을 느끼는 독자가 있다면, 괴테가 여행했던 경로를 되짚어 가며 쓴 손관승의 《괴테와 함께한 이탈리아 여행》을 권한다. 괴테의 《색채론》(장희창 옮김)은 뉴턴으로 대표되는 근대 자연과학의 환원주의적 태도를 비판하는 괴테의 입장이 반영된 자연학 연구서다. 환원주의란 자연 현상들을 몇 가지 법칙으로 단순화하여 설명하는 태도인데, 구체적이고 개별적인 것들의 존재 의의를 탐구했던 괴테는 이와 정반대 태도로 자연을 관찰했다. 《색채론》 뒷부분에는 '자연과학론'이 함께 수록되어 있고 첫머리에 나오는 '스피노자 연구'에 괴테의 저작들을 꿰뚫는 범신론의 관점이 잘 나와 있다. 암석, 동식물 연구와 관련해서는 강두식의 논문 《괴테의 자연탐구》를 참조했다.

슈테판 츠바이크가 쓴 몽테뉴 평전 《위로하는 정신》(안인희 옮김)에는 괴테와 몽테뉴의 공통점 하나를 이야기하는 대목이 있다. 괴테의 아버지와 몽테뉴의 아버지는 모두 이탈리아에서 일기를 기록한 경험을 갖고 있는데, 신기하게도 아들인 괴테와 몽테뉴도 각각 이탈리아에서 아버지의 뒤를 이어 일기를 남겼다. 괴테의 이야기가 몽테뉴의 이야기와 이어지고, 그 몽테뉴의 삶을 츠바이크가 평전으로 기록한 것이다. 원고 목차를 짤 때는 이런 사실까지는 미처 몰랐다. 순서상 괴테 다음에 츠바이크를 놓은 것은, 괴테가 자기 앞의 세계를 관찰하는 데 충실했던 반면, 츠바이크는 자기 앞의 인물들 관찰에 충실했던 작가이기 때문이었다. 즉 선명한 대비성 때문에 둘을 나란히 놓았던 것인데, 괴테와 츠바이크를 연결하는 공통된 끈이 있을 줄은 몰랐다. 이렇게 몽테뉴를 매개로 괴테와 츠바이크가 이어지는 걸 보면, 세상 모든 것은 연결되어 있다는 괴테의 말이 새삼 실감난다.

슈테판 츠바이크 개인에 대한 이야기는 회고록인 **《어제의 세계》**(곽복록 옮김) 내용을 요약한 것이다. 유대인 지도자 테르츨, 작가 로맹 롤랑, 시인 릴케 이야기는 모두 이 책에 나온 내용을 간추린 것이다. **《에라스무스(에라스뮈스) 평전》**(정민영 옮김), **《발자크 평전》**(안인희 옮김)을 비롯해, 몽테뉴 평전인 《위로하는 정신》과 톨스토이, 도스토옙스키, 니체, 디킨스, 스탕달 등의 삶을 다룬 **《천재 열정 광기》**(원당희 옮김) 같은 평전들을 읽다가 짤막하게 요약해 두었던 문장들을 본문에 활용했다. 한국에서 보통 '인간 희극'이라고 번역되는 발자크 연작소설 제목은 《발자크 평전》에 자세히 나오는 것처럼 희비극을 초월하는 인간사를 망라하는 기획이므로 '인간극'이나 '인간 드라마' 등으로 옮기는 것이 적절하다. 단테의 《신곡》을 염두에 두고 지은 제목이니 '인간곡'이라고 해도 될 듯하다.

에밀 졸라에 관한 이야기는 니홀라스 할라스의 **《나는 고발한다: 드레퓌스 사건과 집단 히스테리》**(황의방 옮김) 내용을 중심으로 구성했다. 에밀 졸라의 평전이라고 해도 무방할 정도로 에밀 졸라에 관해 깊이 다루고 있다. 에밀 졸라의 창작 태도에 관해서는 **《글쓰기의 기쁨》**(배수아 옮김)에 나오는 에밀 졸라 파트를 참조했다. 드레퓌스 재판이 이루어지던 당시에 군 당국이 영상 자료의 전파력을 우려하여 촬영을 엄격히 금했기 때문에 사진이나 영상 자료가 거의 남아 있지 않다. 드레퓌스 사건을 다룬 조르주 멜리에스 감독의 영화를 보고 싶었지만 구할 수가 없었고, 그 대신 인터넷에 공개된 다른 감독들의 영화 영상 클립들을 보며 당시의 분위기를 대강이나마 짐작할 수 있었다.

엥겔스의 삶과 마르크스와의 인간적 관계는 트리스트럼 헌트가 지은 **《엥겔스 평전》**(이광일 옮김)을 주로 참조했다. 1800년대 중반의 맨체스터 모습은 **《영국 노동계급의 상황》**(이재만 옮김)을 대본으로 삼았고, 공산주의 관련 내용은 **《공산당 선언》**(강유원 옮김)을 참조했다. 조지 오웰의 이야기는 에세이집 **《나는 왜 쓰는가》**(이한중 옮김)를 주로 인용했고, 소설 **《1984》**(정회성 옮김)와 에세이 〈**정치와 영어**〉(Politics and the English Language)에서 언어 표현 관련 부분을 많이 참조했다. 일본 우익 정치인의 평화헌법 해석을 '이중사고'의 현대적 사고라고 지적한 정치학자 더글러스 러미스의 〈경향신문〉 칼럼은 이해하기 어려웠던 '이중사고' 개념을 쉽게 알려주었다. 리처드 토이의 **《수사학》**(노승영 옮김)을 읽고 조지 오웰을 읽으면 이해가 더 잘 된다. 밀턴의 **《아레오파기티카》**(박상익 옮김)는 언론과 표현의 자유를 다룬 고전으로서 요즘 읽어도 별로 이질감이 없다.

헤밍웨이 이야기는 에세이집 **《파리는 날마다 축제》**(주순애 옮김)를 많이 참조했고, 스타인벡의 이야기는 르포 **《러시아 저널》**(허승철 옮김)을 많이 참조했다. 《러시아 저널》은 소련 기행에 동행했던 로버트 카파의 사진 작품들이 함께 실려 있는데, 자신의 모습을 되도록 감추고 카메라의 시선처럼 소련의 풍경과 주민들을 묘사하는 방식이 인상적이었다. "모자를 쓰는 방법은 여러 가지다. (…) 철모를 쓰는 방법은 하나뿐이다" 같은 구절은 스타인벡이 말년에 쓴 에세이 **《아메리카와 아메리카 인》**(안정효 옮김)에서 인용한 것이다. '미국인의 정체성'에 대해 다룬 책인데, 다인종 다민족으로 구성된 미국이라는 나라를 보편적인 특징으로 규정하려 했다는 점이 신선하지만, 납득되지 않는 부분들이 많았다. 존 스타인벡이 소련 방문 비자를 받을 수 있었던 것은 노동자들의 입장을 잘 대변한 소설 **《분노의 포도》**(김승욱 옮김) 덕분이었다. 스타인벡을 이해하려면 일단 이 작품을 정독해야 하는 듯하다. 단편 〈추수하는 집시들〉(The Harvest Gypsies)를 아울러 검토하였는데, 이 작품 앞부분에는 《분노의 포도》 집필의 밑바탕이 되었다는 작가의 말이 실려 있다.

오에 겐자부로는 소설가로 더 유명하지만 여기서는 에세이 작가이자 르포 작가로서의 면모만 살펴보았다. **《히로시마 노트》**(이애숙 옮김)와 **《오키나와 노트》**(이애숙 옮김)에 나온 내용을 중심으로 이야기를 재구성했다. 진실을 숨겨야 할 때 능동형 대신 피동형으로 쓰는 사례 등은 **《말과 정의》**(송태욱 옮김)에 나오는 내용이다. 오키나와 역사는 아라사키 모리테루의 **《오키나와 이야기》**(김경자 옮김)를 참조했다. 벨라루스의 작가 스베틀라나 알렉시예비치는 2015년 노벨문학상을 수상했다. 노벨문학상은 특정 작품에 주는 상이 아니라 한 작가의 일생에 수여하는 상이지만, 그의 대표작 하나를 고르라면 **《전쟁은 여자의 얼굴을 하지 않았다》**(박은정 옮김)가 될 듯하다. 전쟁에 뛰어든 여자들의 이야기는 이 책에 나온 내용이고, 소련-아프가니스탄 전쟁 관련해서는 **《아연 소년들》**(박은정 옮김), 소비에트 연방 붕괴 시대의 이야기는 **《세컨드핸드 타임》**(김하은 옮김), 체르노빌 원전 사고에 관해서는 **《체르노빌의 목소리》**(김은혜 옮김)와 영어판 번역자 서문 등을 참조했다.

HBO에서 제작한 드라마 〈체르노빌〉은 다큐멘터리보다 더 다큐멘터리 같은 작품이다. 기계 대신 방사능 오염 현장에 투입된 바이오 로봇(인간)과 추가 폭발을 막기 위해 지하를 파 들어가는 광부들의 처절했던 사투가 생생하게 묘사된다. 이 작품을 본 다음 《체르노빌의 목소리》를 차분히 읽어 보면 유익할 것 같다.

로제타 석 해석과 관련한 이야기들은 부부 학자인 레슬리 앳킨스와 로이 앳킨스가 지은 **《문자를 향한 열정》**(배철현 옮김)을 주로 참조했다. 국립중앙박물관의 동영상 공개 강의 '**이집트 성각 문자 해독의 역사**'가 대략적인 개념을 잡는 데에 매우 유익

했다. 이 동영상 강의를 본 다음 책을 읽으면 훨씬 재미있게 읽을 수 있다. 콘스탄티누스 기증장이 위작임을 밝힌 로렌초 발라 분석 대본으로는 라틴어와 영어가 병기된 《The Treatise of Lorenzo Valla ON THE DONATION OF CONSTANTINE》(FB&C)과 영어 번역본인 《ON THE DONATION OF CONSTANTINE》(Harvard)을 대본으로 참조했다. 로렌초 발라 이야기는 단테의 《신곡》 같은 고전에도 등장할 뿐 아니라, 현대의 저술에도 꾸준히 언급된다. 움베르토 에코의 《해석의 한계》(김광현 옮김)에는 호기심과 추측에만 머물지 않고 객관적 자료를 충실히 분석해 위대한 성과를 이룬 로렌초 발라의 태도에 관한 찬사가 나온다. 존 아널드의 《역사》(이재만 옮김)와 유발 하라리의 《호모 데우스》(김명주 옮김)에도 로렌초 발라 이야기가 나온다.

갑골문의 발견과 더불어 전설 속 상나라의 실체가 드러난 사건, 마왕퇴 유적과 곽점초묘 유적 발굴로 역사가 새로 쓰이게 된 사건 등을 분석한 후쿠타 테쓰유키의 《문자의 발견, 역사를 흔들다》(김경호 외 옮김)도 원고를 쓰는 데 많은 도움이 되었다. 발굴 자료를 둘러싼 여러 이야기들이 각 시대별로 간략하게 요점만 잘 간추려져 있다. 신라 승려 혜초가 지은 《왕오천축국전》 관련 내용은 《혜초의 왕오천축국전》(정수일 역주) 해설을 참조했다. 고고학자 펠리오의 일화 등은 〈KBS 역사스페셜 '해동의 첫 번째 세계인, 혜초'〉도 아울러 참조해 구성했다. KBS 답사 팀에 정수일 교수가 자문 역으로 동행했다.

예전에 몇 차례 원전 강독을 진행하면서 꼼꼼히 검토했던 유길준의 《서유견문》도 자주 인용한 책이다. 박이정 출판사의 영인본으로 원문 구절을 검토하면서, 허경진의 번역본과 장인성의 해설서 **《서유견문》**을 참조했다. 유길준의 미국 정착을 도와준 생물학자 모스 박사의 이야기 등은 〈**KBS 역사스페셜 '근대 유학생 1호 유길준'**〉 편에 자세히 나온다. 조선의 지도 제작자 고산자 김정호가 대동여지도 같은 정확성 높은 지도를 만들 수 있었던 것은 그가 열심히 현장 답사를 했기 때문이 아니라 기존 지도 데이터를 종합하고 추상화하는 기하학적 사고를 지녔기 때문이다. YTN에서 제작한 다큐 〈**김정호의 꿈과 조선시대 지도 체계**〉에 그 내용이 잘 설명되어 있다. 조선 말기의 선비들을 비롯해 동아시아 지식인들이 두루 잘못 읽었던 《만국공법》 이야기는 김용구의 **《만국공법》**을 참조했다. 유럽의 제국주의를 옹호하는 책을 제국주의에 맞서는 이론으로 삼으려고 읽었으니 번역이 학술 풍토에 끼치는 영향이 얼마나 중요한지 다시금 깨닫게 된다. 번역이 학술과 사상에 미치는 영향은 후나야마 도루가 지은 **《번역으로서의 동아시아》**(이항철 옮김)를 읽으며 도움을 많이 받았다.

실제로 존재하지는 않지만 극적인 효과를 위해 극작가들은 안중근 의사 어머니 조마리아 선생이 아들에게 비장한 편지를 보낸 이야기를 지어냈는데, **《안중근 평전》**의 저자인 안중근 연구자 황재문 교수에게 문의하니, 그런 편지나 기록물은 발견된 적이 없음을 확인해 주었다. 반면에 정조의 편지들은 실제로 존재했던 서한들이다. **《정조의 비밀편지》**(안대회 지음)에 상세한 내용이 실려 있는데, '뒤죽박죽'이라는 구절이 들어간 편지를 이 책의 표지 디자인에 사용한 것을 보건대 한문 문장들 사이에서 유독 도드라져 보이는 한글 표기가 저자에게도 호기심을 불러일으켰던 것 같다.

관습과 클리셰에 관한 원고를 쓰면서 가장 큰 도움을 받았던 책은 **《이솝 우화 전집》**(박문재 옮김)이다. 이번에 다시 읽은 이솝 우화는 어릴 적에 읽은 이솝 우화와는 많이 달랐다. 누구에게 어떤 인생의 교훈을 주려는 게 아니라, 인생사에는 별의별 일들이 다 일어나기 마련이고 한치 앞도 모르는 것이므로 딱 정해진 해결법을 얻으려 하기보다는 그저 모든 일에 조심하는 수밖에 없음을 경고하는 것이 이 우화의 목적임을 깨달았다.

원고에 구체적인 내용을 많이 반영하진 않았지만 에라스뮈스의 **《우신 예찬》**(박문재 옮김)도 원고의 주제를 깊이 성찰하는데 큰 도움이 되었다. '우신 예찬'이라는 제목을 예전에 처음 들었을 때는 '어리석은 신을 떠받드는 기독교인들' 같은 의미인 줄 알았는데 그동안 본뜻을 잘못 알고 있었다. '우신 예찬'은 어리석음을 관장하는 신이 자화자찬하는 내용으로 철학적 앎과는 상반되어 보이는 완전히 다른 종류의 세속적 앎에 대한 찬양이다. 이 앎은 단순히 무지와 어리석음으로 치부하기에는 우리 삶에 꼭 필요한 것들이라서 쉽게 거부하거나 부정하기가 쉽지 않다. 적당히 속아 주고 눈감아 주면 삶을 융통성 있게 살 수 있다는 점을 어찌 매정하게 부정할 수 있으랴.

통계와 확률 관련한 내용은 뉴턴 하이라이트 시리즈 **《통계와 확률의 원리》**와 이대진 등이 공저한 《세상을 보는 눈, 통계》를 주로 참조했다. 봄에 출생한 프로야구 선수들이 많은 까닭, 카지노에서 손님들이 겪게 되는 몬테카를로의 오류 등이 《통계와 확률의 원리》에 나오는 내용이고, 시각적 분석까지 뛰어났던 나이팅게일 일화, 도하 작전에 실패한 중국 장군의 일화, 케이티엑스 설문 조사 내용 등은 《세상을 보는 눈, 통계》에 나온 내용이다. '메리 크리스마스'라는 인사말이 유행하게 된 이유, 영어 불규칙 동사의 점진적인 소멸 예상 등은 에레즈 에이든과 장바티스트 미셸이 공저한 **《빅데이터 인문학》**(김재중 옮김)을 참조했다.

자연철학자 데모크리토스는 더 이상 쪼갤 수 없는 어떤 것들이 빈 공간에서 움직이는 것, 그것이 세계의 모습이라고 주장했다. 빈 공간이 우주의 구성 요소라는 데모크리토스의 새로운 관점은 후대 학자들에게 많은 영감을 불어넣었다. 그로부터 이천오백 년 후에 중력파 관측연구소 라이고LIGO가 지구에서 십삼억 광년 떨어진 곳에서 두 블랙홀이 충돌하면서 발생한 충격파를 검출하는 데 성공했다. 빛의 속력으로 십삼억 년을 날아가야 닿을 수 있는 까마득히 먼 우주 저편의 거대한 파동을 지구에서 파악할 수 있을 정도의 지식 수준을 인류는 갖추었다. 과학 지식과 관련한 내용은 김영식 등이 공저한 **《과학사》**를 대본처럼 사용하면서 칼 세이건의 **《코스모스》**(홍승수 옮김)를 더불어 참조했고, 수학 지식과 관련된 내용은 케이스 데블린이 지은 **《수학의 언어》**(전대호 옮김)를 참조했다. 칼 세이건이 기획한 TV 다큐멘터리 시리즈 〈코스모스〉를 내셔널 지오그래픽 채널에서 현대적으로 재해석하여 새롭게 만든 다큐멘터리 **〈코스모스〉**도 매우 유익한 작품이다. 책《코스모스》에 나온 표현대로, 별들의 구성 물질로 이루어진 존재인 우리가 별까지 가 보지 않고서도 별들의 구성 요소를 알게 되고 별들과 우주 탄생에 관해 숙고하는 지적 수준에 이르렀다. 물론 지금 여기가 종착지가 아님을 우리는 안다. 우리의 상상에 한계가 없듯 앎에도 끝이 없다.

이 도서는 한국출판문화산업진흥원의
'2023년 우수출판콘텐츠 제작 지원 사업' 선정작입니다.

우리가 읽고 쓰는 이유
인간의 진실과 표현에 관한 이야기

초판 1쇄 2023년 9월 15일

지은이 | 이강룡

펴낸곳 | 라티오 출판사
출판등록 | 제2021-000075호(2007. 10. 24.)
전화 | 070) 7018-0059
팩스 | 0303) 3445-0059
웹사이트 | ratiopress.com
트위터 | twitter.com/ratiopress
인스타그램 | instagram.com/ratiopress
팟캐스트(라티오 책 해설) | ratiopress.podbean.com
디자인 | 유혜현

copyright©Kangryong Lee, 2023

이 책의 무단 전재 및 복제를 금합니다.

ISBN 979-11-959288-6-6   03800